GÄRTEN DES ORIENTS

Paradiese auf Erden

GÄRTEN DES

OR

Paradiese auf Erden

DUMONT
monte

Christa von Hantelmann, Herausgeberin
Dieter Zoern, Fotografien

Mit einer Einführung von Stefano Bianca und
mit Beiträgen von Muhammad Elfaiz, Thomas Goebel-Groß,
Johannes Kalter, Rainer W. Kuhnke und Stefan Weber

I E N T S

INHALT

EINFÜHRUNG

VON STEFANO BIANCA

Zu allen Zeiten und in allen Kulturen war Gartengestaltung zugleich auch eine Weltschöpfung im Kleinen, ungeachtet dessen, ob die Schöpfer von Gartenanlagen ausdrückliche Absichten solcher Art hegten oder ob sie eher einem unbewußten Hang folgten. Jenseits von Nutzdenken und bloßen dekorativen Bemühungen, die oft mitgespielt haben mögen, begegnen wir hier einem Urtrieb zur Gestaltung von inneren Bildern, die dem Menschen eigen sind. So sagt die Struktur repräsentativer Gartenanlagen viel darüber aus, wie sich die jeweiligen Gemeinschaften zu ihrem höheren Dasein verhalten haben, oder, in anderen Worten, in welcher Art sie kosmische Ordnungen widerzuspiegeln und dadurch den Alltag zu überwinden und zu erhöhen vermochten.

Die islamischen Völker – Islam hier als eine spezifische Kulturform, nicht als dogmatische Religion verstanden – haben eine ganz besondere Affinität zum Garten bewiesen. Dafür sind vielerlei Gründe anzuführen: Zuallererst wohl der, daß im Koran, dem heiligen Buch des Islam, der Garten eine herausragende Stellung einnimmt als sinnenhaftes und zugleich übersinnliches Bild des Paradieses, das immer wieder eindringlich ausgemalt wird. Hinzu kommt die Tatsache, daß die Araber und die meisten anderen islamischen Völker in geographischen Zonen lebten, wo das Erlebnis der Wüste und ihres Gegensatzes, der Oase, existentielle Grunderfahrungen waren. Die Hochschätzung des Wassers als kostbares, lebensspendendes Element und der Sinn für die kunstvolle Bewässerung als Voraussetzung des irdischen Gartens waren den Menschen somit als äußere Realität eingeprägt und konnten zugleich als Symbole für innere Wirklichkeiten genutzt werden. Dies lag um so näher, als die vom Islam befohlene rituelle Waschung – vom Gläubigen mehrmals am Tage vor jedem Gebet durchgeführt – dem Wasser die Kraft unterstellt, den Menschen über die äußerliche Reinigung hinaus in den ontologischen Urzustand der Reinheit zu versetzen, der ihm die Kommunikation mit dem Schöpfer erlaubt.

Jenseits von Nutzdenken und bloßen dekorativen Bemühungen begegnen wir hier dem Urtrieb zur Gestaltung von inneren Bildern.

Dank der erlebten Gegenwart des Geistigen konnten sich die verschiedenen Bedeutungsebenen überlagern, ohne in Gegensätze zu verfallen, woraus das in der islamischen Welt so beliebte Spiel zwischen zeitlicher und überzeitlicher, sinnlicher und übersinnlicher Ebene zu erklären ist. Es wurde gefördert durch die vielfachen Hinweise des Korans, daß das Werden und Vergehen in der Natur, die Entfaltung und die Zurücknahme der schöpferischen Manifestationen als ›Zeichen‹ (Ayat) für die Allgegenwart des einen Schöpfers zu sehen sind. Damit verbunden war die Aufforderung an den Menschen zur dauernden aktiven ›Erinnerung‹ (Dhikr) – man könnte auch sagen zur Verinnerlichung – der in der Welt wirkenden göttlichen Kräfte.

Die islamische Kultur hat vielerlei visuelle Stützen für solche der Meditation verwandten Prozesse der rituellen ›Erinnerung‹ entwickelt. Dazu gehören etwa die Kalligraphie als bildliche und rhythmische Wiedergabe des Gotteswortes, das geometrische Ornament als sinnbildliche Darstellung der Ausstrahlungen vielfach verflochtener Manifestationen eines an sich unfaßbaren Kerns des Daseins und ebenso der in bestimmte architektonische Formen eingebettete Garten. In ihm gelangen Natur-Schöpfung und menschliche Gestaltungskraft, beide ein Ausdruck darin wirkender höherer Kräfte, zur schönsten Deckung. Und durch diesen Einklang kann der Garten seinem Betrachter etwas von jenem ›ewigen Augenblick‹ vermitteln, in dem die Spuren zeitloser Gegenwart die zeitlichen Manifestationen durchwirken und faßbar werden.

Kunst, Architektur und Gärten des Islam folgten somit einer besonderen Ästhetik, derer sich Gestalter und Aufnehmende bewußt waren. Die in den islamischen Gärten und in ihren architektonischen Einrahmungen zur Verwendung kommenden Gestaltungsregeln beruhten, wie viele kreative Prozesse, auf einem

Paradox: Es galt, innerhalb der durch die Materie und die formalen Gesetze auferlegten Grenzen das Grenzenlose sichtbar zu machen, im Eingefaßten das Unfaßbare aufscheinen zu lassen. Der Sprung in die Transzendenz konnte nur durch das Hilfsmittel des symbolischen Gestaltens und des sinnbildlichen Aufnehmens gelingen – also dadurch, daß die gestalteten und sichtbaren Erscheinungen gewissermaßen als stellvertretendes ›Konzentrat‹ des Kosmos verstanden wurden. Vielerlei Sinnbezüge schufen Stufenleitern von Entsprechungen und stellten das gestaltete Objekt in Zusammenhänge, innerhalb derer es gleichsam über sich selbst hinauswachsen und neue Bedeutungen gewinnen konnte.

Die obigen Ausführungen möchten den Leser auf grundlegende Denkformen und Erfahrungsweisen einstimmen, die erst ein tieferes Nach-Erleben der islamischen Gartenkunst ermöglichen, welche aber dem heutigen europäischen Betrachter nicht mehr ohne weiteres vertraut sind. Dieser sinn-bezogene Einstieg in die Thematik des islamischen Gartens soll nun auf einer mehr historischen Deutungsebene fortgeführt werden, auf der sich die besonderen stilistischen Phänomene und ihre Herleitung beschreiben lassen. Die hier gebotene Kürze erlaubt freilich nur eine zusammenfassende Darstellung geschichtlicher Zusammenhänge und regionaler Sonderformen, und Leser, die sich eingehender mit der Geschichte des islamischen Gartens und der darauf bezogenen Architektur beschäftigen möchten, seien auf die im Literaturverzeichnis angegebene Fachliteratur verwiesen.

Oben | **Fliese mit Zinnenmotiv, im Relief ausgeführt, aus Pakistan, 18. Jh.**
Folgende Seite | **Ein Mosaik aus dem Innenhof der Omaiyaden-Moschee in Damaskus, 17. Jh.**

Die meisten formalen Grundgedanken des orientalischen Gartens lassen sich leicht auf vor-islamische Zeiten zurückführen, wobei es freilich in der Natur solcher Archetypen liegt, daß sie in vielerlei Verwandlungen immer wieder neu aufleben konnten. Deshalb ist es auch wenig sinnvoll, die Kette von verwandten Erscheinungen auf präzise und nie ganz faßbare historische Beeinflussungen zurückführen und einengen zu wollen. Immerhin darf man sagen, daß der alte Iran mit seinen von Xenophon beschriebenen ›Paradiesgärten‹ wohl die Quelle war, aus der sich der islamische Garten gespeist und über die Zeiten hinweg erneuert hat. Die frühe iranische Kultur erfuhr unter den Sassaniden, etwa zeitgleich mit dem spätrömischen und byzantinischen Reich, eine eigentliche ›Renaissance‹ im Nahen Osten. Nach dem Fall der Sassaniden ist sie dann gewissermaßen als Erbgut in die islamischen Reiche eingegangen, die sich seit dem 7. Jahrhundert ins Zweistromland, nach Persien, Transoxanien und Indien auszudehnen begannen. Sie hat danach eine maßgebliche Rolle bei der Entwicklung der islamischen Kunst und Architektur wie auch der Gärten aus islamischer Zeit gespielt. Zwei dynastische Phasen und geographische Regionen waren hier von besonderer Bedeutung: Jene der Abbasiden im Zweistromland und jene

der Timuriden in Zentralasien, die beide als Kulturträger und Vermittler in andere Zonen dienten.

Mit der Dynastie der Abbasiden (750 bis 1258) verlagerte sich der kulturelle Schwerpunkt des jungen islamischen Reiches von Damaskus an den Tigris, in die neue Hauptstadt Baghdad. Während der Islam unter den Omaiyaden in Damaskus manche römisch-hellenistische und byzantinische Elemente in sich aufgenommen und assimiliert hatte, floß nun das iranische Kulturerbe, das ihm wohl auch näher lag, machtvoll in die sich neu bildenden Kulturformen ein. Dabei brachten die Araber die metaphysische Dimension der Kultur und die bilderreiche Sprache der koranischen Botschaft ein, während der Iran vielerlei Formen der bildenden Kunst, seine Poesie mit ihren besonderen Metaphern sowie eine reich ausgebildete materielle Kultur beisteuerte. Die am Hof der abbasidischen Kalifen aufblühende neue Kultur, aus dieser Synthese entsprungen, strahlte über alle auftretenden politischen Spaltungen hinweg in die anderen islamischen Reiche aus, nach Ägypten, Andalusien und in den Maghreb. Hier wurde das alte iranische Schema der ›Vier Gärten‹ (Chahar Bagh) zwischen zwei sich kreuzenden paradiesischen Wasserachsen zu einem beliebten Motiv, dem man noch in der sehr viel späteren Anlage der Alhambra in Granada begegnet.

Das Paradox der islamischen Kunst: innerhalb der formalen Grenzen das Grenzenlose sichtbar machen, im Eingefaßten das Unfaßbare aufscheinen lassen.

Mit den in den Iran eingewanderten zentralasiatischen Seldschuken, die im 11./12. Jahrhundert, als das abbasidische Kalifat nur noch nominell bestand, die Macht übernahmen, wurde das durch die Palastarchitektur bekannte Thema des Gartenhofes mit kreuzförmig angeordneten Iwanen (Torhallen) auch für den Bau von Moscheen und Koranschulen verwendet – eine Bauart, die sich vor allem im Iran, im Zweistromland und in Ägypten durchsetzte. Daneben fand die Palast-Typologie ein besonders fruchtbares Anwendungsfeld in bürgerlichen Wohnhäusern des Nahen Ostens, wo sie bis ins 19. Jahrhundert weiterlebte. Die Gärten, die Brunnen und die zur Hofmitte geöffneten Iwane vieler erhalten gebliebener Wohnhäuser in Damaskus und Aleppo sind bescheidenere, aber höchst reizvolle Nachklänge der iranischen Palast- und Paradiesgartentradition.

Den zweiten wichtigen Überlieferungsstrang bildete die mongolische Dynastie der Timuriden, die in Zentralasien mit der iranischen Baukultur in Kontakt gekommen waren. Nach der sprichwörtlichen Zerstörungswut der frühen mongolischen Horden, unter denen die nahöstlichen islamischen Reiche im 13. und frühen 14. Jahrhundert stark gelitten hatten, wurden Timur und seine Nachfolger zu Förderern der Künste und der Wissenschaften. Nicht nur nahmen sie die iranische Bau-, Garten- und Bewässerungstraditionen in ganz Zentralasien wieder auf (Timurs Hauptstadt Samarkand war berühmt für ihre Gärten und Bewässerungsanlagen), sie trugen sie durch ihre Eroberungen weiter bis nach Indien, wo iranische Kultur und iranische Gärten unter der vom Timuriden Babur gegründeten Moghul-Dynastie (1526 bis 1858 n. Chr.) eine neue und tropisch-üppige Entfaltung fanden.

Der Archetyp des ummauerten Gartenhofes war nicht nur für den Palastbau bestimmend, sondern hat auch das Wohnhaus und die Moschee beeinflußt.

Es ist anfangs bereits angedeutet worden, daß das Konzept des orientalischen Gartens aus islamischer Zeit eng mit verschiedenen Formen architektonischer Einrahmung verbunden war. Wie die islamische Architektur durch die ornamentale Prägung ihrer Boden- und Wandflächen oft einen ephemeren pflanzlichen

Jeder Garten wie jedes Haus ist ›Innenwelt‹ und deshalb sorgsam abgeschirmt von der umgebenden Außenwelt.

Charakter annahm (Arabesken und Blumenmotive konnten ganze Teile der Fassade überziehen), so waren umgekehrt die Gärten in einen geschlossenen räumlichen Kontext gesetzt und von einer ornamentalen Geometrie geprägt. Innerhalb dieser Einfassung konnten die Gewichte von Fall zu Fall verschieden gesetzt werden: Neben dem Palastgarten stand der Gartenpalast. Im einen Fall war der Garten als Freiraum innerhalb einer monumentalen architektonischen Anlage gedacht, während im anderen Fall ein weitläufiger, von Mauern umrahmter Garten das Hauptelement war, dem höfische Pavillons und streng geformte Wasserbecken und Kanäle die architektonische Prägung verliehen. Diese zweite Form des nur zeitweilig benutzten Gartenpalastes war besonders bei den moghulischen Herrschern beliebt, die mit ihrem wandernden Hofstaat in den außerhalb der Stadt gegründeten Gartenanlagen im wahrsten Sinne des Wortes ›ihre Zelte aufschlugen‹. Viele Miniaturen aus timuridischer und moghulischer Zeit vermitteln uns ein Bild der in solchem Rahmen inszenierten höfischen Gartenfeste. Im Sinne der anfangs angedeuteten Symbolik wurden die Gärten sozusagen zu Ruhepunkten auf der irdischen Wanderschaft, und so ist es nicht verwunderlich, daß manche Herrscher auch ihre Grabbauten innerhalb solcher, vom Lustgarten abgeleiteten Anlagen errichteten.

Hält man sich die verschiedenen in diesem Buch gezeigten Formen des orientalisch-islamischen Gartens vor Augen, vom reichen höfischen Garten bis zum bescheidenen Hausgarten, wird man eine Reihe von verwandten Merkmalen erkennen, die es gestatten, von einem spezifisch islamischen Gartenstil zu sprechen. Dazu gehört die stark betonte Eingrenzung des Gartens als privater Raum – ein grundlegendes Merkmal, das die räumliche Struktur aller Grundelemente, auch der orientalischen, islamischen Stadt, bestimmt. Jeder Garten wie jedes Haus ist ›Innenwelt‹ und deshalb sorgsam abgeschirmt von der umgebenden Außenwelt. Im höfischen Garten lassen sich wie in der Stadt verschiedene Grade von Intimität oder Öffentlichkeit herstellen, was Hand in Hand mit der für die Bewässerung erforderlichen vertikalen Abstufung geht. Die Shalimar-Gärten in Lahore zum Beispiel sind gegliedert in eine obere Ebene, die dem privaten Haushalt des Herrschers zugeteilt war, eine mittlere Ebene, die als offener Thronsaal zum Empfang des Hofstaates diente, und eine untere Ebene, die zu gewissen Zeiten einer weiteren Öffentlichkeit zugänglich war.

Das Spiel mit verschiedenen architektonischen Flächen und Ebenen wurde auch ästhetisch in sehr subtiler Weise genutzt: Das kostbare Wasser verströmte sich nicht in rauschenden Brunnen und Fontänen wie in den europäischen Gärten der Renaissance und des Barock, es zog als zarter Faden durch die Kanäle in flache Auffangbecken oder breitete niedergleitend einen durchsichtigen Vorhang über geschmückte Nischenwände. Es ist gesagt worden, daß das zarte Rieseln des Wassers dem Orientalen das gleiche Wohlgefühl vermittelte wie ein prasselndes Feuer dem klimatisch weniger verwöhnten Nordländer – ein nachfühlbarer Vergleich!

Über die ursprüngliche Vegetation der islamischen Palastgärten ist leider wenig bekannt, und die heute bestehende Bepflanzung etwa der Moghul-Gärten oder der Alhambra in Granada darf nicht als repräsentativ für den ursprünglichen Zustand angesehen werden. Immerhin erfahren wir aus historischen Miniaturen und aus

Es ist gerade sein zeitloser Charakter, der den Gartenhof in neuen Zusammenhängen verwendbar macht.

literarischen Quellen, daß viele Arten von Fruchtbäumen einen wichtigen Bestandteil der Bepflanzung bildeten, was erneut die Verwandtschaft zwischen Hausgarten und Palastgarten belegt. Wir wissen, daß Zypressen als Symbole der Ewigkeit sehr beliebt waren, und wir dürfen annehmen, daß neben Gewürzen und Medizinalpflanzen alle Duftpflanzen, wie etwa Rosen und Jasmin, eine wichtige Rolle spielten. Schattenspendende Gehölze, etwa Maulbeerbäume, sowie Reben als Bewuchs von Lauben und Pavillons waren ebenfalls notwendiger Bestandteil des Gartens. Der iranischen Dichtung entnehmen wir, daß all diese Gewächse zugleich eine metaphorische Bedeutung hatten, die im Beschauer bestimmte Assoziationen anklingen ließen. Die geometrische Anordnung der wichtigsten pflanzlichen Elemente muß stark mit der Architektur zusammengespielt haben, und die leicht erhöhte Errichtung der Wandelwege war wohl nicht nur aus bewässerungstechnischen Gründen sinnvoll: Sie gestattete es auch, die Blüten niedriger Stauden auf der Höhe des Wegbelages zu halten und den Lustwandelnden den Eindruck eines flachen geometrischen Blütenteppichs zu vermitteln.

Oben | **Ein stilisierter Sommerblumenstrauß in einer blau-weißen Vase, die in einer Schale steht. Dieses Wandbild stammt aus der Wazir Khan-Moschee in Lahore, Pakistan, die 1634 erbaut wurde.**

Viele dieser Charakteristika sind noch heute in den Hofgärten traditioneller und zeitgenössischer Häuser der islamischen Welt nachzuerleben. So klein sie oft sein mögen, ihr Mikrokosmos enthält eine Bedeutungswelt, die auch noch dem bescheidensten Lebensrahmen Merkmale einer höheren Realität verleiht. In einer Zeit, die dem Orient rapide und nicht immer vorteilhafte Veränderungen aufdrängt, bleiben diese Gärten das Wahrzeichen einer möglichen Dauer im Wandel. Es ist deshalb besonders erfreulich festzustellen, daß der Topos des Paradiesgartens wieder vermehrt in die moderne Architektur islamischer Länder Eingang findet, in private und öffentliche Bauten, auch in gemeinnützige Anlagen wie die Aga Khan-Universität in Karachi. Es ist gerade sein zeitloser Charakter, der den Gartenhof in neuen Zusammenhängen verwendbar macht. Seine symbolischen Bezüge sowie die ganz konkreten klimatischen und sozialen Vorteile, die er seinen Benutzern bietet, lassen ihn zu einem kostbaren architektonischen Gestaltungselement werden, dessen Bedeutung sich jeder im Orient arbeitende Architekt bewußt sein sollte.

Rechte Seite | **Der Löwenhof in der Alhambra von Granada nach einem Stich des Engländers John F. Lewis, 1835 in London erschienen. Privatsammlung.**

Fast 800 Jahre herrschten die Mauren in Spanien. Während dieser Zeit errichteten sie berühmte Universitäten und prachtvolle Moscheen, bauten Brunnen und Kanäle und verwandelten so braches Land in fruchtbare Felder. Sie schufen Gärten von einzigartiger Anmut und Schönheit.

GÄRTEN IN SPANIEN

Rechts | **Ein spanischer Fayence-Keramikteller aus der Manufaktur von Alcora, Kastilien, erste Hälfte des 18. Jh. Er befindet sich heute im Museum für Kunst und Gewerbe Hamburg.**

In maurischen Gärten verschmelzen architektonische und gärtnerische Gestaltungselemente. Das Bindeglied ist der Dekor. So erinnert der Schattenwurf eines vielfach durchbrochenen Stuckstalaktiten an das vom Sonnenlicht auf den Boden gezeichnete Muster von Blättern einer Baumkrone. Und tatsächlich haben Steinmetzformen Vorbilder im Pflanzenreich. In den Dekorbändern wechseln häufig florale Motive mit kalligraphischen Darstellungen. Den zierenden Strukturen der Fassaden scheinen in der maurischen Gartenarchitektur keinerlei Grenzen gesetzt.

Ein berühmtes Beispiel: die Alhambra in Granada. Als ein »Gebäude wie aus Brüsseler Spitzen« bezeichnete ein früher Reisender dieses unvergleichliche Ensemble aus Arkaden, Brunnenplätzen und schattigen Innenhöfen, den Patios. Auch für die anderen, weitgehend erhalten gebliebenen maurischen Altstadtquartiere Südspaniens in Córdoba und Sevilla gilt: Die schönsten Gärten verstecken sich hinter hohen Mauern. Auffallend sind die Farbkontraste zwischen Bauten und Flora. In Orange, Gelb oder Blau blühen alle nur erdenklichen Exoten. Den Fußboden dagegen zieren rote Kacheln oder schneeweißer Marmor, von blauen und gelben Azulejos unterbrochen, deren Oberfläche das Sonnenlicht reflektiert.

Auch heute entstehen in Spanien Gärten nach maurischem Vorbild. Architekten wie Fernando Caruncho kombinieren ihre eigenen Ideen mit den überlieferten Mustern. Für beide Spielarten – den historischen wie auch den zeitgenössischen Garten – gilt das Wort des Schriftstellers Rudolf Lothar: »Wie wundervoll läßt sich in einem spanischen Garten die Zeit verträumen! Man lernt hier, daß die Poesie des Lebens im Nichtstun liegt.«

Rainer W. Kuhnke

Unten | **Die Karte Spaniens zeigt die Städte und Regionen, in denen sich die vorgestellten Gärten befinden.**

DER HOFGARTEN DER ALJAFERIA

Einer der letzten Reyes de Taifa, der Fürst Jafariya, ließ diese Festung in der zweiten Hälfte des 11. Jahrhunderts in Zaragoza am Ufer des Ebro erbauen. Somit ist diese Anlage 300 Jahre älter als die Alhambra.

Der quadratische Grundriß dieser Festungsanlage erinnert an syrische Wüstenschlösser. Nachdem der Besucher mächtige, dunkle Mauern und Türme passiert hat, gelangt er, fast vom Licht geblendet, in einen kleinen Patio. Bevor er den Garten in seiner klösterlichen Schlichtheit wahrnimmt, wird der Blick von den Bögen rechter Hand gefangengenommen, die sich zu unglaublicher Formenvielfalt steigern.

Die Gestaltung des Patios ist sehr einfach, er ist geometrisch klar gegliedert. Die schlichte Pflasterung des Bodens ist von einem Netzwerk aus kleinen Bewässerungskanälen durchzogen. Das Prinzip der abgesenkten Beete ist hier großflächig angewandt.

Die Form der Orangenbaumkugeln findet ihre Entsprechung in der Architektur der Bogenöffnungen, die schlanken Spitzen der Säulenzypressen sympathisieren mit Pfeilern und Säulenschäften. Das Flechtbandmuster der sich kreuzenden Bögen, die schwerelos ihre tragende Funktion zu überwinden scheinen, nimmt die feine Struktur eines pflanz-

Linke Seite | **Der Garten ist streng symmetrisch gegliedert. Im Hintergrund der fast unerschöpfliche Reichtum der sich kreuzenden Bögen mit reicher Verzierung.**
Unten | **Die mächtige Befestigung des Dar al Suru, Haus der Freude, wie dieser Sommerpalast am Ebroufer einst genannt wurde.**

lichen Rankwerkes an. So findet sich hier eine wunderbare Übereinstimmung zwischen beschwingter Architektur und geformter Natur. Die Schmalseite des Gartenhofes ist durch fächerförmige Bögen geschmückt – ein Stück illusionistischer Schauarchitektur. Ihre Spiegelbilder in dem knapp gefaßten Wasserbecken auf der gegenüberliegenden Seite setzen den Illusionseffekt sehr gekonnt fort.

Anmut und Grazie zeigt dieser Hofgarten, der sich dem Auge in dieser robusten Festung unerwartet wie ein funkelndes Kleinod offenbart und seinem ursprünglichen Namen ›Haus der Freude‹ alle Ehre macht.

Rechts | **Mit *Viburnum tinus* wurden die niedrigen Hecken angelegt, die die abgesenkten Beete einfassen.**
Rechte Seite | **Die Gartenanlage im Detail.**

Folgende Doppelseite | **Blick durch den Garten auf das rückwärtige Wasserbecken und die dahinter liegenden Eingänge zu den Sälen.**

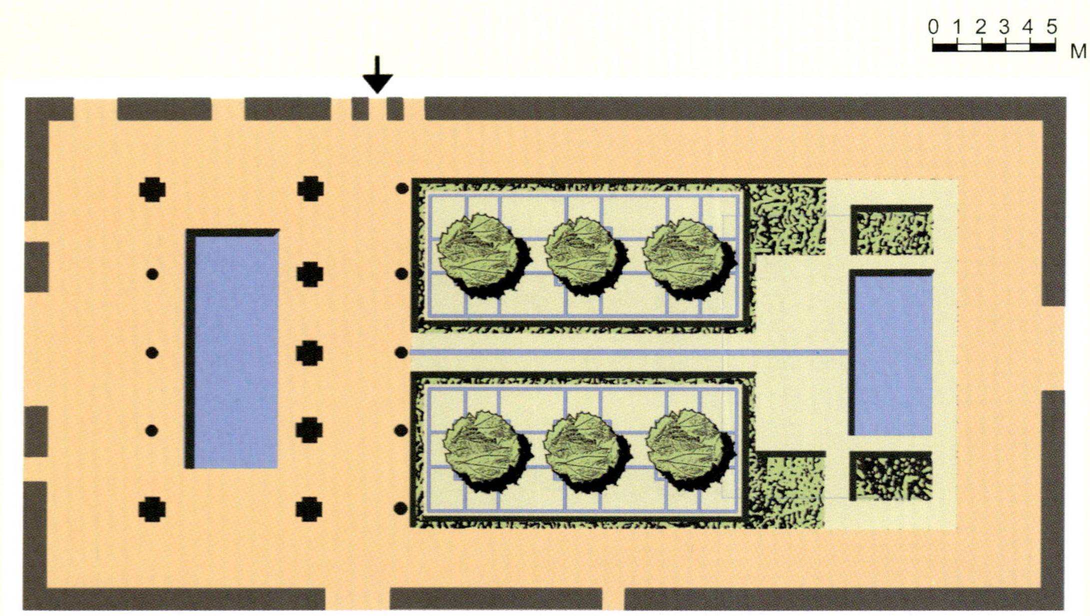

Grundriß | **Patio der Heiligen Elisabeth nennt sich dieser Garten. Ende des 20. Jahrhunderts wurde die gesamte Anlage sorgfältig restauriert, und seit einigen Jahren ist sie zu besichtigen.**
Die Zeichnung zeigt die sehr einfache Aufteilung des Gartens und das fein verteilte Bewässerungssystem mit den beiden Wasserbecken.
Die Anlage hat den Charakter eines ornamentalen Bildes.

Oben | **Die feinen Gespinste der Bögen werden im rückwärtigen Teil am Rande des zweiten Wasserbeckens sichtbar. Hier befinden sich die Zugänge zu den Sälen des Palastes.**
Linke Seite | **Der Blick fällt durch den Seitengang des Gartenteils, im Hintergrund die fächerartig verzierten Bögen.**

Links | **Ein Granatapfelstrauch im Detail. Die überreife Frucht ist aufgeplatzt, um die Kerne auszustreuen.**
Linke Seite | **Der Patio del Yeso gehört zu den ältesten Teilen des Alcázar, die aus der maurischen Zeit stammen.**

ALCAZAR IM MUDEJAR-STIL

Der Ursprung dieses großen Palastes von Sevilla führt in das 12. Jahrhundert zurück, in die Zeit der Maurenherrschaft. Den größten Teil der bis heute noch erhaltenen Anlage ließ Pedro I. im 14. Jahrhundert anlegen, in der Epoche des Mudéjar-Stils, in der sich die maurische Kultur mit der nachfolgenden christlichen mischte.

Die Gärten des Alcázar sind so vielfältig wie das Zeitgeschehen, das über sie hinwegzog. Viele separate Gartenräume reihen sich aneinander, Mauern mit Türen und Fenstern grenzen sie voneinander ab. Reizvolle Durchblicke von einem Hof zum nächsten verzaubern diese Gartenwelt. Das Spiel zwischen Licht und Schatten, zwischen Mauer und Begrünung erscheint unendlich vielfältig. Das Mauerwerk ermöglicht die Raumgestaltung: Einzelne Pflanzenbereiche werden voneinander abgeschirmt, eingefangene Stimmungen von Farbe und Struktur intim umschlossen. Als Bodenbeläge dienen mit glasierter Keramik eingefaßte Ziegelpflaster, Kopfsteinpflaster und Fliesenböden in vielerlei Musterung.

Im Patio del Yeso (Gipshof) findet sich noch der arabische Stil aus der Zeit der Almohaden. Besonders schön sind die dreigeteilten, sich überschneidenden Bögen (Abbildung linke Seite). Dieser Hof wirkt wie eine verkleinerte Form des Myrtenhofes in der Alhambra von Granada.

Oben | **Die Abbildung zeigt die spanischen Kacheln (Azulejos) in farbenprächtigen Musterungen. Darüber ein Granatapfelstrauch.**
Rechte Seite | **Dicht am Eingang zum Garten steht dieser schöne Brunnen. Sehr malerisch wirkt das kräftige Grün vor der roten Wand.**

Linke Seite | **Die Blüten der Asiatischen Hakenlilie** *(Crinum asiaticum)*.
Unten | **Einer der vielen Durchgänge von einem Patio in den nächsten, dahinter der Durchblick auf eine mit Kacheln eingefaßte Treppe.**

Rechts | **Eine Gartenbank mit schönen alten Azulejos.**
Linke Seite | **Blick aus dem Salón Dorado in den davor liegenden Gartenbereich.**

Folgende Doppelseite | **Der etwas höher gelegene Gartenteil des Jardín Chico mit symmetrisch angelegten Buchsbaumhecken, die vier Beete mit Rosen einfassen.**

DER GELBE GARTEN IN SEVILLA

Im Jahre 1481 erwarb der Gouverneur von Sevilla das Grundstück für die Casa de Pilatos, eine Huerta, einen Obst- und Gemüsegarten. Bald danach wurden weitere Grundstücke aus der Nachbarschaft dazugekauft, aus denen sich die Casa de Pilatos im Mudéjar-Stil entwickelte.

Durch Reisen des Gouverneurs nach Italien kamen Stilelemente der Renaissance hinzu. Der Palast und seine Bewohner bildeten bald den Mittelpunkt des geistigen Lebens in Sevilla.

Heute betreten die Besucher durch das pompöse Eingangstor den recht schlichten Außenhof, um dann durch ein zweites Gittertor in den doppelgeschossigen Arkadenhof, den Apeadero, zu gelangen. Zur linken Hand liegt nun der Jardín Grande. An Stelle des ehemaligen Obst- und Gemüsegartens hat der Architekt Benvenuto Tortello einen Ziergarten angelegt. Die klassische geometrische Einteilung in vier Felder ist gut zu erkennen. Die Wegeachsen führen auf den Mittelpunkt zu, in dem sich eine Glorieta, eine Gartenlaube, befindet. Buchsbaumhecken umrahmen die elf Beete mit Zitronen- und Orangenbäumen, Palmen, Bananen und Rosen. Auf dem Weg zurück in das Palastgebäude durchquert man den Salón Pretorio mit seinen leuchtenden Azulejos-Wänden, um dann in den kleineren Jardín Chico einzutreten, eine Schöpfung des 20. Jahrhunderts. Der Salón Dorado, der Goldene Salon, ist eine Art Gartenzimmer, in dem einige Stücke der Antikensammlung untergebracht sind. Die lichte gelbe Farbe der Wände läßt den Salon so anmutig wirken. Der maurische Stil durchzieht in seiner Schlichtheit diese Gärten und nimmt den Besucher mit in eine andere Welt.

Oben | **Ein zierlicher Granatapfelstrauch lehnt sich an das Gitterwerk des Fensters. Heute ist in diesem Teil des Palastes die Werkstatt des Gärtners untergebracht.**
Rechte Seite | **Ein Blick in den etwas tiefer gelegenen Gartenteil mit seiner streng geometrischen Einteilung der Blumenbeete. Zierspargel und Schildfarne bilden die Bepflanzung.**

DIE VIELFALT DER PATIOS

Der Palast des Marqués de Viana befindet sich im nördlichen Teil von Córdoba, im Viertel Santa Marina. Das Gebäude aus dem 15. Jahrhundert gleicht einem römischen Wohnhaus. In seinen zahlreichen Räumen ist heute ein Museum untergebracht, das die Wärme eines bewohnten Hauses ausstrahlt.

Den Eingang bildet ein barockes Ecktor mit einem Familienwappen im Giebel. Dahinter erstreckt sich das Anwesen über 6500 m², mehr als die Hälfte davon nehmen die Gartenhöfe ein. Dreizehn Patios ziehen die Besucher seit 1980 in die Welt der maurischen Gartenkunst. Die Intimität des Patios als Seele des islamischen Hauses betont die schützende Mauer.

Der Rundgang von Gartenhof zu Gartenhof beginnt im Empfangspatio (1) mit seinem von Kletterpflanzen bewachsenen Säulengang. Es folgt der Patio des Archives (2), der im Stil des Barock dekoriert wurde. Die Mandarinenbäume *(Citrus deliciosa)* sind mehrere hundert Jahre alt. Der Patio der Kapelle (3) ist ein Hof, der Ruhe ausstrahlt und mit seinem Wasserplätschern zum Meditieren einlädt. Im folgenden Patio (4), dem Hof mit dem Gittertor, findet sich neben dem *Taxus* die *Rosa banksiae*, eine besonders alte Art. Im Patio der Gärtner (5) ist die Längswand ganz mit Bleiwurz *(Plumbago auriculata)* überwuchert, dessen blaue Blüten bis in den Himmel zu reichen scheinen. Es folgt der Brunnenpatio (6), danach der Patio des Wasserbeckens (7), der im Winter allen Blumentöpfen Quartier gibt. Der Patio der Ziergärten (8), 1200 m² groß, hat gitterförmig angelegte Beete, die von 200 Jahre altem *Buxus sempervirens* eingefaßt sind. Im Patio de Madama (9) umschließen Zypressen eine Statue in Form einer Krone. Im Säulenpatio (10) zieht das Wasserbecken mit seinem schönen Mosaik den Blick auf sich. Der Hof Nr. 11 nennt sich Patio der Fenstergitter. Haushohe Bergamotten bilden Spaliere an den Wänden. Im anschließenden Patio der Orangenbäume (12) ist die Glyzine *Wisteria sinensis* zu bewundern. Am Ende des Rundgangs liegt schließlich der lustige Katzenhof.

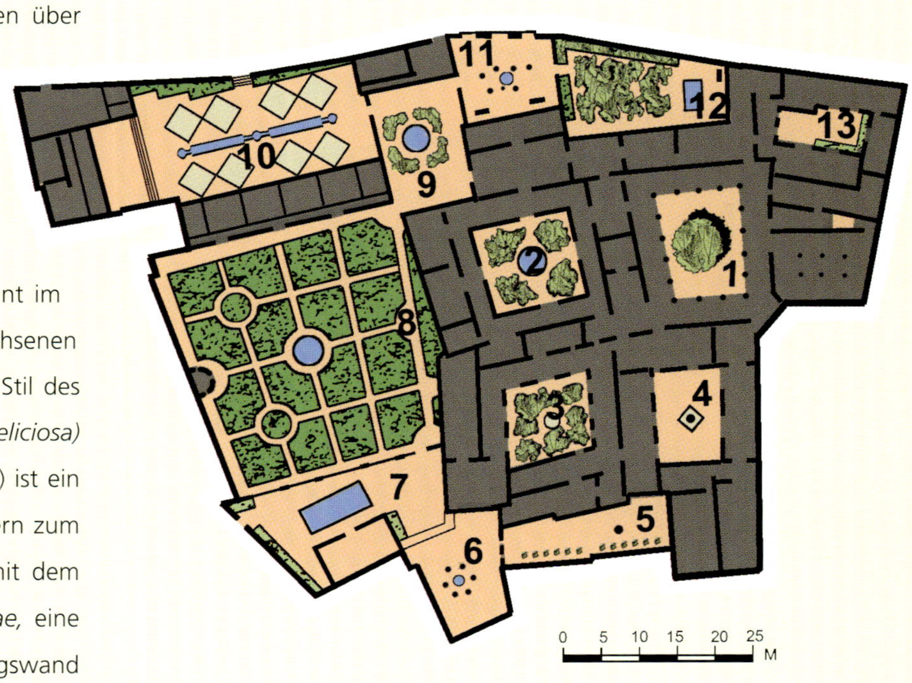

Grundriß | **1. Empfangspatio, 2. Patio des Archives, 3. Patio der Kapelle, 4. Patio des Gittertors, 5. Patio der Gärtner, 6. Brunnenpatio, 7. Patio des Wasserbeckens, 8. Patio der Ziergärten, 9. Patio de Madama, 10. Patio der Säulen, 11. Patio der Fenstergitter, 12. Patio der Orangenbäume, 13. Patio der Katzen.**

Rechte Seite | **Der Durchblick vom Patio der Fenstergitter (11) durch den Patio de Madama bis in den Patio der Säulen mit dem Wasserbecken. An der Tür ein Wandelröschen *(Lantana).***

Folgende Doppelseite, links | **Der Patio der Säulen (10) mit dem farbig ausgelegten Wasserbecken und dem Säulengang im Hintergrund.**
Rechts | **Ein Detail aus dem Patio der Fenstergitter (11), der von der Straße einzusehen ist. Im Topf das üppige *Senecio bicolor.***

Oben | Im Patio der Kapelle (3) versammeln sich Riesenfarne in Töpfen um das ehemalige Taufbecken.
Unten | Der Brunnen im Patio des Archives (2) ist mit farbigen Fliesen verkleidet, auf dem Rand stehen Töpfe mit blühenden Pelargonien.

Oben | **Ein Brunnen in der Mitte des Patios (6) gibt diesem Gartenhof den Namen. Bougainvillea rankt an der Rückwand.**
Unten | **Im Empfangspatio (1) wird der Säulengang von verschiedenen Kletterpflanzen begrünt.**

Linke Seite | **Ein Blick in den Patio der Ziergärten (8) mit seinen geschnittenen Buchsbaumhecken.**
Unten | **Aus dem alten Taufbecken im Patio der Gärtner ist ein Springbrunnen geworden, umkränzt von einer Reihe von Buchsbaumtöpfen. Im Hintergrund die üppig bewachsene Wand mit blau blühendem Bleiwurz *(Plumbago auriculata).***

Folgende Doppelseite | **Der Brunnen im Patio der Fenstergitter (11) ist von alten Steinpodesten eingerahmt, auf denen Töpfe mit *Senecio bicolor* thronen.**

Rechte Seite | Die geschnittenen Buchsbaumhecken im Patio der Ziergärten (8) teilen die Flächen in viele kleine Felder ein, die von Blumen bewachsen sind.
Unten | Eine Reihe von Töpfen mit kleinblättrigem Basilikum auf den Treppenstufen.

GÄRTEN IM STIL DES ISLAM

»Ich versuche in meinen Gärten das Bild einer Erscheinung, die sich zu verflüchtigen scheint, festzuhalten. Das bedeutet, meine Gärten umschließen ein geistiges Bild. Ich versuche das mit Hilfe der Geometrie. Die Gärten der islamischen Kultur sind mir dabei ein lebendiges Vorbild.«

Mit diesen Worten definiert der Spanier Fernando Caruncho die Architektur seiner Gärten. Dieser recht außergewöhnliche Gestaltungswille belegt, daß sich die Tradition der islamischen Gärten weiterentwickelt und fortsetzt. Fernando bezeichnet sich selbst schlicht als Gärtner. Er studierte Philosophie, danach wandte er sich seiner Passion zu, Gärten zu entwerfen. Beides gehört für ihn unmittelbar zusammen. Seine Familie stammt teils aus dem Norden und teils aus dem Süden Spaniens. So hat die islamische Gartenkunst Andalusiens stets großen Einfluß auf ihn gehabt. Das Spiel mit dem Wasser, mit der Geometrie und der Symmetrie, die Symbolik in der Wahl der Pflanzen, das Licht – all diese Gestaltungsmittel, die zur Welt der islamischen Gartenkunst gehören, sind Fernando wichtig. Englische Gärten entsprechen gar nicht seiner Vorstellung.

In seinen Gärten fühlt sich der Betrachter leicht in eine entrückte Welt versetzt. Ort und Stunde sind vergessen, ob sich der Garten in Sevilla oder Marokko, in Indien oder Pakistan befindet, ist unbedeutend. Für Fernando ist ein Garten erst dann wirklich, wenn das Spiel mit dem Licht ihn belebt, den Garten in Vibration bringt. Strukturen heben sich dann voneinander ab, Bilder, die wie gemalt erscheinen, ein Zauber entsteht.

Der Garten in der Region La Rioja ist vom sarazenischen Mittelalter inspiriert. Die Apsis der Dorfkirche bildet den architektonischen Akzent für den angrenzenden Garten. Das Parterre zieht sich sanft den Hang hinab. Buchsbaumkompositionen lokkern die Symmetrie auf, die großen Wasserflächen spiegeln den Himmel. Dreihundert Linden umschließen das Parterre, halten es wie ein Band zusammen und grenzen es gegen das Dorf ab.

Oben | **Der Gärtner Fernando Caruncho, 35, hat bereits über dreißig Gärten für Privatleute und Konzerne entworfen.**
Linke Seite und folgende Doppelseite | **Im Vordergrund das in Quadrate geteilte, verschlungene Buchsbaumparterre, dahinter die beiden Wasserstücke, in denen sich der Himmel spiegelt, mit den ›schwimmenden Zypressen‹. Umschlossen wird der große Garten von dem Lindengürtel, der rund um die Anlage läuft und einem Vorhang gleich die Inszenierung abschließt.**

Oben und unten | Die große Achse teilt die Gartenanlage in zwei fast gleich große Hälften. Die Wege sind mit einem trittfesten, leicht gelblichen Kies-Zement-Gemisch belegt. Eine geschwungene Treppe fängt den höher gelegenen Teil des Gartens ab. Die seitlichen Balustraden haben kleine Wasserspeier, so daß das Wasser von Stufe zu Stufe rinnen kann. Rechte Seite | Ganz am Ende des Gartens liegt dieses Becken, in dem das Wasser so fließt, als ob es versinnbildlichen wollte, wie alles Geschehen einem steten Wandel unterliegt.

»Für mich ist der Garten ein Spiegel des Universums. Ich strebe danach, Räume zu schaffen, die zur Reflexion einladen. Darin erlaube ich dem Licht, Perspektiven und Symmetrien zu schaffen.«

Auf der Insel Menorca mit ihren Adelspalästen hat sich vieles aus der Zeit der Maurenherrschaft erhalten. Dem ständigen Wind ausgesetzt, bewahren die Farben der Natur eine intensive Leuchtkraft. Hier entwarf Fernando Caruncho eine Gartenanlage, die seine Handschrift sehr deutlich zeigt: Camp Sarch war einst ein Gemüsegarten mit sehr fein ausgeklügelter Bewässerungsanlage. Fernando respektierte das jahrhundertealte Design und griff nur behutsam ein, um den Gemüsegarten in einen Seerosengarten zu verwandeln. Einige Becken sind zu grünen Parterres geworden, gefüllt mit Mastixsträuchern *(Pistacia lentiscus),* die heute wie große grüne Kugeln wirken. Die Form des terrakottafarbigen Pavillons wird von den quadratischen Wasserbecken harmonisch aufgenommen.

Kleine Abbildung | **Ein Erdbeerbaum *(Arbutus unedo).***
Oben | **Eine ehemalige Werkstatt verwandelte der Architekt in den farbigen Pavillon.**
Linke Seite | **Das Spiel von Licht und Farbe bringt den Garten zum Vibrieren.**
Vorhergehende und folgende Doppelseite | **Diese großflächige Wasseranlage gehört zu einem Garten, den Fernando Caruncho in Sant Agaró, Katalonien, schuf. Ein Netz schmaler Wege durchzieht den Garten, Seerosenbecken wechseln mit den grünen Kugeln der Mastixsträucher *(Pistacia lentiscus),* Pinien und Aleppokiefern begrenzen den Blick zum Meer.**

Rechte Seite | **Ein historischer Stich, der eine Hofgartenszene in Damaskus zeigt. Privatsammlung.**

»Wenn es ein Paradies auf Erden gibt, so ist es Damaskus«, befand ein Reisender im 12. Jahrhundert, als er die in einer Oase gelegene Stadt aufsuchte – eine der ältesten der Welt.

HOFGÄRTEN IN SYRIEN

Unten | **Wandverkleidung aus dem Haus eines christlichen Kaufmannes in Aleppo. Holz mit vielfarbiger Malerei, um 1600. Befindet sich heute im Museum für Islamische Kunst, Staatliche Museen zu Berlin – Preußischer Kulturbesitz.**

Unten | **Die Karte von Syrien zeigt die Städte Aleppo, Damaskus und Hama, in denen sich die vorgestellten Gärten befinden.**

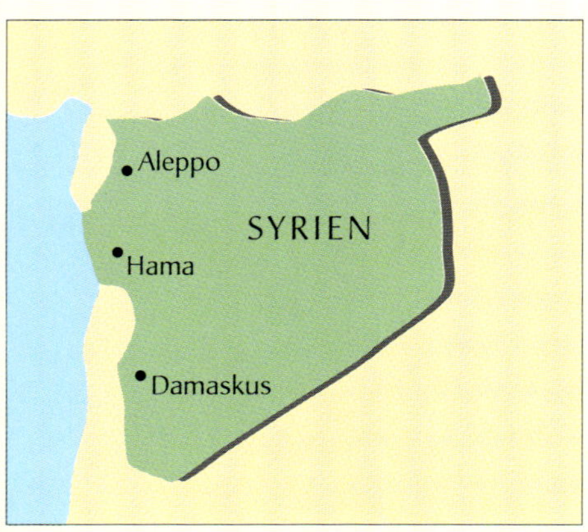

In Damaskus wie in anderen Städten Syriens hat sich ein traditioneller Haustyp entwickelt: Alle Wohnräume gruppieren sich um einen Innenhof, großbürgerliche Wohnanlagen haben meist mehrere Gartenhöfe. Haus, Hof und Garten bilden in funktionaler und ästhetischer Hinsicht eine Einheit und sind als Gesamtkunstwerk zu betrachten und zu erleben. Die Höfe sind stets besonders prächtig ausgestattet. Selbst in kleinen Patios fehlt es nie an einem Brunnen, an Blumenbeeten und Pflanzentöpfen und an einem Iwan, einer Sitznische, die sich zum Hof hin öffnet. Eingefaßt wird das Ensemble von Mauern und mächtigen Kletterpflanzen.

Leider sind die Altstadthäuser mit ihren Hofgärten durch den starken demographischen Wandel, die Übervölkerung und oft schlechte Pflege heute stark gefährdet. Die von der Straße aus meist schmucklos wirkenden Häuser sind eng aneinandergebaut. Sie haben keine seitlichen Außenwände und sind als Einzelbauten kaum noch zu unterscheiden. Welcher Reichtum und welche Ideenvielfalt sich im Inneren eines Gebäudes auftun, ist von außen nicht zu erahnen.

Betritt man ein Haus, so befindet man sich nach wenigen Schritten bald in der ›Hausmitte‹, in dem mit Pflanzen geschmückten Patio. Nur durch diesen Hof sind dann die einzelnen Zimmer zu betreten. Eine verzauberte Stille läßt den Besucher in einer anderen, intimen Welt versinken und den Lärm und das Gedränge in den Altstadtgassen vergessen. Sprudelndes Wasser und üppiges Grün sorgen für angenehme Kühle und sinnliche Erfrischung.

Stefan Weber

DIE GÄRTEN EINES PASHAS

Heute ist es ein Museum, das überaus reich gestaltete Wohnhaus. Es ist in der Mitte des 18. Jahrhunderts durch Pasha Khalid al Azam (einen Zweig der Azam-Familie) erbaut worden. Mitglieder dieser wohlhabenden Kaufmannsfamilie, die ursprünglich aus Hama kam, übernahmen zu dieser Zeit mehrmals den Gouverneursposten von Damaskus.

Mehr als zehn Paläste wurden von der weit verzweigten Familie allein in Damaskus errichtet. Pasha Azad al Azam besaß nicht weniger als sechs Residenzen. Der hier abgebildete Komplex wurde von Pasha Khalid al Azam erbaut. Er liegt im Stadtviertel Souk Sarouja und beherbergt seit 1979 das Historische Museum.

Einst war der Palast mit seinen acht Gartenhöfen das größte Anwesen der Stadt. Nach zahlreichen Umbauten im 19. Jahrhundert gehören heute noch drei Hofgärten zu der Anlage. 1960 nahm man das Gebäude in die Liste der denkmalgeschützten Häuser auf. Bei der Restaurierung wurde großen Wert darauf gelegt, der einstmaligen Situation des 18. Jahrhunderts gerecht zu werden. Die drei Gartenhöfe zeigen nicht mehr den ursprünglichen Zustand. Vereinzelt erinnern Orangen- und ausladende Feigenbäume an die üppige grüne Pracht, die diese Gartenhöfe einst entfalten konnten. Zwei Palmen an der nordwestlichen Ecke des Haupthofes ragen immer noch majestätisch in den Himmel. Der barocke Brunnen in der Mitte dieses offiziellen Gartens ist der größte in Damaskus, er spendet schon optisch angenehme Kühle und Frische.

Oben | **Damaszener Rosen sind berühmt für ihren lieblichen Duft – hier blühen sie das ganze Jahr.**
Rechte Seite | **Offene Durchgänge verbinden die Wohnräume und Gartenhöfe. Geometrische Gesetzmäßigkeit und paradiesischer Reichtum schmücken die Architektur ebenso wie die verschiedenen Gartenhöfe.**

Folgende Doppelseite | **Der große Springbrunnen im Haupthof.**

Oben | **Brunnen sind mit der Vorstellung des Paradiesgartens untrennbar verbunden. In Damaskus, einst wegen seines Wasserreichtums als das Paradies auf Erden beschrieben, fehlt in keinem Garten ein Springbrunnen. Im Hintergrund befindet sich der Iwan.**
Rechte Seite | **Ein Teil des großen Hofes. Zwischen den hohen Palmen hängt ein kupferner Vogelbauer.**

Das vornehme Damaszener Haus besteht meist aus drei Wohnhöfen, einem Männerhof, dem Hof für die Frauen und die Familie (Haram Maskan) und dem Küchen- und Wirtschaftshof. Die besondere Anmut des Hofgartens wird durch die frische blaugraue Farbgebung der Holzteile unterstrichen. Sie verbindet sich sehr harmonisch mit dem Grün der Bepflanzung.

Wahre Künstler ihres Faches sind die syrischen Steinmetze. Ihre Arbeiten sind an einigen Teilen des Gebäudes von besonders kunstfertiger Ausführung. Wie Schabracken umrahmen sie die Öffnungen.Die Querstreifen der unteren Wandhälften sind ein beliebtes Dekorationsmotiv, das immer wieder zu finden ist. Es gibt gerade den nach oben geöffneten Hausteilen optisches Gewicht. Der Farbwechsel zwischen Ocker, Terrakotta und Schwarz gehört zu den typischen Merkmalen der Architektur des Orients.

Links | **Ein Durchblick vom Haus auf den Mittelpunkt des kleinen Gartenhofes, den Brunnen.**
Linke Seite | **Wasser sprudelt aus einem phantasievollen Speier aus Bronze. Solche liebevollen Details spiegeln den Geist der Damaszener Gartenhöfe.**

HALBMOND UND STERNE IM GARTEN

Dieser Gartenhof des Abou Shamat, der vor einer kleinen Moschee liegt, zeigt in seiner symmetrischen Vierteilung das traditionelle Konzept eines Hofgartens. Völlig abgeschlossen, von der Straße nicht zu erahnen, überrascht dieses idyllische Kleinod mit seiner märchenhaften Stille. Die Besonderheit dieses Gartens sind die Beete in der Form von Halbmond und Stern, den Emblemen des Osmanischen Reiches.

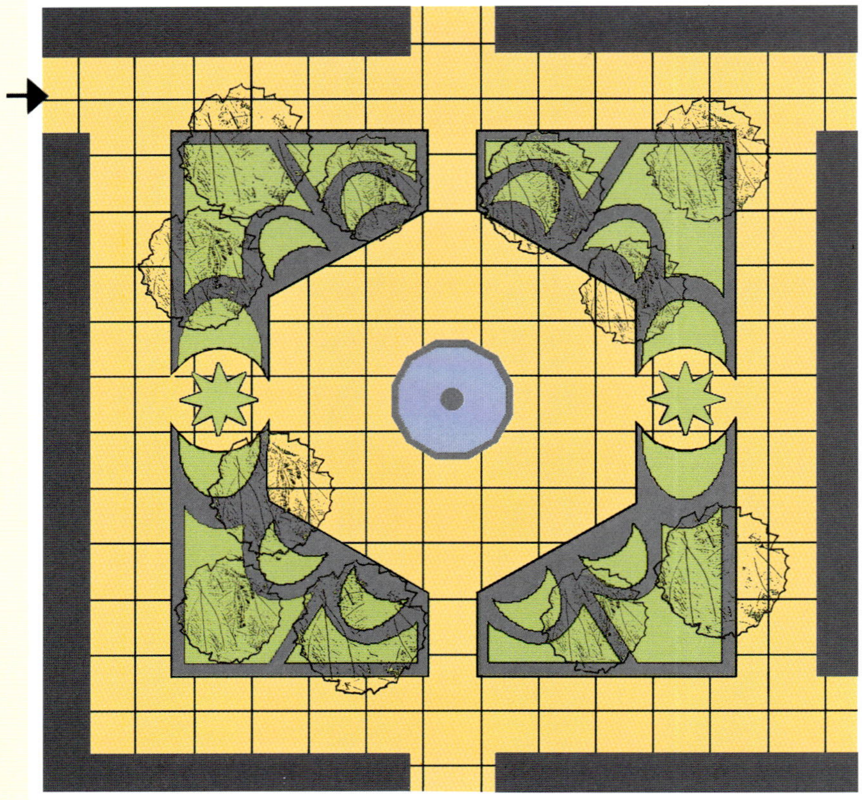

Grundriß | **Der Plan wirkt selbst schon wie ein Ornament und erklärt diese sehr ungewöhnliche Gartenanlage. Die Anordnung erinnert an das ursprünglich aus dem Iran stammende Konzept des Paradiesgartens. Die grün angelegten Felder zeigen die mit Buchsbaum bepflanzten Stern-, Halbmond- und Zwickelteile. Das oktogonale Wasserbecken bildet den Mittelpunkt.**

Rechte Seite | **Die Hauptachse des Gartens mit dem Durchblick in den Hofgarten der Frauen. Über dem Buchsbaum bilden die Orangenbäume ein schattiges Blätterdach.**

Das Haus des Abou Shamat befindet sich im Viertel Al Kanaouat, dessen Name sich von der alten römischen Wasserleitung herleitet. Die große Wohnanlage eines gewissen Saiyd Baltaji, wahrscheinlich aus dem späten 17. Jahrhundert, ist heute in mehrere Gartenhöfe unterteilt. Der größte Hof (rechte Seite) bietet seit mehr als hundert Jahren Raum für einen mystischen Zirkel. Die dahinter liegende Kuppelmoschee wurde im Jahr 1883 erbaut und diente als Versammlungsraum.

Die Besonderheit des Gartenhofes, der vor der Moschee liegt, ist seine Grundrißanlage in Form von Halbmonden und Sternen, wie es die Zeichnung (oben) deutlich macht. Der Halbmond ist das Zeichen des islamischen Glaubens. Stern und Halbmond symbolisieren das Osmanische Reich. Jedes dieser mit Steinen eingefaßten Beete ist mit Buchsbaum bepflanzt, der die architektonische Symmetrie und Strenge unterstreicht. Er wurde freilich seit langem nicht mehr gestutzt und ist nun zu ominösen Skulpturen herangewachsen.

Text in Zusammenarbeit mit Stefan Weber

Der Gartenhof, der Frauen und Familie vorbehalten ist, der Haram, ist nicht nur kleiner, er wirkt auch behaglicher und intimer. Die Dame des Hauses ist eine Pflanzenliebhaberin, was an den zahlreichen Blumentöpfen zu erkennen ist, die sie sorgfältig pflegt.

Der gesamte Garten duftet intensiv nach Jasmin, der wie eine weiße Wolke über der Außenmauer schwebt. Der gemusterte Steinfußboden schmückt dieses Gartenzimmer wie ein bunter Teppich. Sonst gibt sich dieser Frauenhof recht einfach – mit seinen schlichten weißen Wänden. Belebt wird dieser Raum durch das Lichtspiel der Sonne, das dem Boden sein Muster gibt.

Links | **Von einer hohen Mauer eingefaßt ist dieser kleine Gartenhof der Familie, um die Frauen vor neugierigen Blicken zu schützen.**

Rechts und rechte Seite | **Im Haupthof ist die linke Wand durch mehrere aufeinanderfolgende Nischen ausgebildet. Rötliche und gelbfarbene Steine wechseln mit fast schwarzen Quadern und bilden das querlaufende Muster. Schlanke Säulen tragen die Bögen, der Boden ist mit Marmormosaik belegt.**

NACHBAR DER OMAIYADEN-MOSCHEE

Den Azam-Palast, ein großzügig angelegtes Bauwerk, baute einst der Gouverneur von Damaskus, Pasha Azad al Azam, als Residenz für sich, seine Familie und seinen Hausstaat. 1749 erwarb er das 5500 m² große Anwesen in repräsentativer Lage, dicht neben der Omaiyaden-Moschee, zwischen Souk und Jupitertempel. Der Pasha ließ Material von Abbruchhäusern zusammentragen, um das Bauwerk so authentisch wie möglich erscheinen zu lassen. Damaszener Handwerker verarbeiteten es so kunstvoll, wie es in der osmanischen Zeit üblich war.

Oben | **Eine Kuppel der Omaiyaden-Moschee ist hinter dem seitlichen Säulengang zu sehen.**
Linke Seite | **Ein Blütenteppich breitet sich in dem Haupthof (Salamlik) aus. Er wird von einem breiten Wasserkanal durchschnitten. Die Bäume haben längst das Dach in seiner Höhe überwachsen. Aber die Blumenwiese leuchtet wie ein Bild der Impressionisten.**

Wie die meisten orientalischen Paläste ist auch dieser in drei Bereiche unterteilt: Der Haramlik ist der nur von der Familie bewohnte Teil, der Salamlik dient als Bereich für Gäste und der Kadamlik für das Personal.

Der Haramlik ist hier sehr großzügig bemessen, er umfaßt ein Drittel der gesamten Fläche und ist nach Norden gelegen. Auf beiden Längsseiten befindet sich je ein Iwan (Sitznische). Der große Garten ist von einem üppig bewachsenen Blumenbeet ausgefüllt. Ein Wasserkanal durchschneidet es und mündet dann in einem Becken. Hoch aufragende Zypressen, Zitronen- und Orangenbäume sind locker in den Blumenteppich eingewebt. Wasserfontänen sorgen für Abkühlung und erfrischen die Luft, die von stark riechendem Steinkraut *(Alyssum)* wie parfümiert ist.

Der Palast beherbergt heute das Kunsthandwerks- und Volkskundliche Museum.

Rechts | **Schachbrettartig verlegter Marmorboden führt auf den achteckigen, reich verzierten Brunnen zu, links erstreckt sich ein voll erblühtes Beet mit Glücksklee *(Oxalis tetraphylla)*. Hunderte von Bienen summen in ihrem Blütenmeer.**

Rechte Seite | **Ein Blick aus dem Iwan, der erhöhten Sitznische, in den Garten.**
Unten | **Wasserspeier in Form eines bronzenen Löwen. Daneben ein *Sedum*.**

GÄRTEN IM JÜDISCHEN VIERTEL

Als kleiner, in sich abgeschlossener Kosmos erscheint der Garten eines Damaszener Hauses. Gerahmt durch die Wohnräume mit reich gestalteten Fassaden entfaltet sich seine ganze Pracht.

Das Haus von Geog Dahdah im jüdischen Viertel ist eines der vielen Beispiele für die Wohnkultur des 18. Jahrhunderts in Damaskus. Muallim Hayim Farki, der eine leitende Position in der Finanzverwaltung hatte, baute zwischen 1790 und 1820 zwei der schönsten Altstadthäuser. Sie sollen durch einen unterirdischen Gang miteinander verbunden gewesen sein. Wie die meisten Stadtpaläste hoher Notabeln verfügten sie über mehrere Wohnhöfe. Geog Dahdah, ein ehemaliger Archäologe, betreibt ein kleines Antiquitätengeschäft hier in der Loggia, die sich über die ganze Breite zum Gartenhof hin öffnet. Diese architektonische Gesamtkonzeption ist charakteristisch für die Wohnhausarchitektur, seien die Bauherren nun Moslems, Christen oder Juden.

Oben | Ein Blick in die Loggia, die sich mit der ganzen Breitseite zum Hof hin öffnet. Dahinter ist der große Iwan des Hauses zu sehen.
Linke Seite | Die Abbildung zeigt einen Limonenbaum, *Citrus limon* 'Cedra'. Er wird gerne neben den Hauseingang gepflanzt. Der starke Geruch der Blätter hält das Ungeziefer fern.

Unten | Die beiden Durchblicke auf dieser Seite zeigen, wie schön das Lichtspiel zwischen dem schmalen Türdurchgang und dem sich weitenden Hof die Dramaturgie der Architektur unterstützt.
Rechte Seite | Ein weiterer Innenhof. Kleine Holzetageren stützen den üppig wachsenden Jasmin.

EIN PALAST AUS OSMANISCHER ZEIT

Der imposante Palast Dar Anbar, einer der größten der Altstadt von Damaskus, liegt am Ende einer Gasse, die mit Tischlereien und Polsterwerkstätten gefüllt ist, und beinahe an jeder Ecke steht eine kleine Moschee. Von außen kaum wahrzunehmen, ist der Palast, den der jüdische Kaufmann Jusuf Anbar erbaute, eines der schönsten Häuser der osmanischen Epoche.

Der Bauherr kaufte mehrere Häuser mit insgesamt 4000 m² Grundfläche und ließ die Hoffassaden zusammenhängend im einheitlichen Stil neu gestalten. Dazwischen entstanden drei geräumige Gartenhöfe. Er verschuldete sich jedoch bald so sehr, daß der Besitz in die Hände der osmanischen Administration überging und die Damaszener Sekundarschule hier eingerichtet wurde. Heute dient das Gebäude auch als Museum und Kulturpalast.

Die drei Innenhöfe lassen den Besucher das ständig wechselnde Spiel zwischen Licht und Schatten genießen. Die Bepflanzung ist locker, fast impressionistisch. Sie steht in angenehmem Kontrast zur strengen Architektur der Zeit um 1870. Rasenflächen wechseln mit Jasmin, Rosen und Sommerblumen. Nadelspitz stechen die Zypressen aus dem Pflanzenteppich heraus, daneben stehen Obstbäume, wie es der islamischen Tradition entspricht.

Ein zeitgenössischer arabischer Historiker beschreibt den Wohnpalast so: »Der Dekor ist einzigartig in Damaskus und hat den römischen Tempel in Baalbek zum Vorbild, so daß das Gebäude auch das kleine Baalbek genannt wurde. Eine eigenwillige Mischung von lokaler Bautradition, Neobarock und Neoklassizismus verbindet sich hier zu einem einheitlichen Ganzen.«

Text in Zusammenarbeit mit Stefan Weber

Oben | **Das Wasserbecken vor der seitlichen Hauswand, die besonders reich verziert ist.**
Linke Seite | **Wie eine Sommerwiese mutet die lockere Bepflanzung in diesem Hofgarten an.**

GARTENHOF AM UFER DES ORONTES

Hama, die freundliche Provinzstadt, liegt eingebettet in fruchtbare, grüne Felder, die durch den Orontes bewässert werden. Dieser Fluß kommt vom Libanon und fließt zur Türkei, also vom Süden zum Norden. Üppiges Grün umgibt die zahlreichen alten Paläste, die der Stadt ein behäbiges, beständiges Aussehen verleihen. Sie liegt auf dem Weg von Damaskus nach Aleppo, die trockene Steppenzone weicht hier einer Acker- und Gartenlandschaft.

Kleine Abbildungen | **Auf dem Tisch wie auf der Bank gesellen sich Pelargonientöpfe, Echeverien, Blattkakteen, Hortensien und eine Schusterpalme *(Aspidistra)* zu einem reizvollen Stilleben.**
Rechte Seite | **Eine sehr seltene panaschierte Zitronensorte. Dieser Baum befindet sich, wie es hier Brauch ist, an einer Eingangstür.**

Folgende Doppelseite | **Der große Brunnen aus Sandstein bildet die Mitte des Hofgartens. In den Töpfen befinden sich Blattkakteen *(Epiphyllum*-Hybriden). Der Bodenbelag besteht aus diagonal verlegtem Carrara-Marmor, der über Istanbul hierher gelangt ist.**

Bekannt ist Hama durch seine malerischen Norias, die großen, hölzernen Wasserräder. Sie schöpfen das Wasser aus dem Fluß, um es über ein Aquädukt auf die höher gelegenen Felder zu leiten und damit Wiesen, Obst- und Gemüsegärten zu bewässern. Zwanzig ächzende und stöhnende Norias versehen diesen Dienst seit Hunderten von Jahren. Auch dieser Hofgarten, der zu dem Wohnhaus der Familie Touafra gehört, liegt unmittelbar am Ufer des Orontes. Das Knarren und Stöhnen des benachbarten Wasserrades ist im Haus Tag und Nacht zu hören.

Die Touafras sind ein altes, aristokratisches Geschlecht, das dem Stadtviertel seinen Namen gab. Der Sohn Montazar teilt sich das zweihundert Jahre alte Haus mit seinen Eltern, seinen Brüdern und deren Familien. Der Garten ist von der Straße noch nicht einmal zu erahnen. Es duftet aromatisch nach Blumen und blühenden Bäumen. Jasmin, Orangenbäume und Rosen finden sich hier zusammen. Vogelgezwitscher und Taubengurren füllen den Raum aus. Der ›mobile Wohngarten‹ besteht aus zahlreichen Blumentöpfen und -kübeln, die liebevoll in Gruppen zusammengestellt sind. Einige ausgefallene, panaschierte Arten lassen auf ein besonderes Pflanzenverständnis schließen.

Rechte Seite | **Die Abbildung zeigt das oktogonale Wasserbecken im Haupthof.**
Linke Seite | **Durch diese Gasse führt der Weg auf den Haupteingang des Palastes zu.**

DER AZAM-PALAST IN HAMA

Zwischen Walnußbäumen, Orangen- und Granatapfelbäumen, direkt am Ufer des Orontes, liegt dieser Palast aus osmanischer Zeit. Er wurde um 1740 erbaut, hier mitten in der islamischen Altstadt, dicht neben der An-Nuri-Moschee, eingebettet in herrliches Grün. Dieses Gebäude und sein Garten sind eine Kostbarkeit aus einer vergangenen Welt.

Rechte Seite | **Der Haupthof war in erster Linie für offizielle Anlässe bestimmt, dann war er allein den Männern vorbehalten. In der Mitte steht ein achteckiges Wasserbassin. Der kostbar ausgeführte Steinboden wirkt bereits wie ein Blumenteppich und erübrigt jede Bepflanzung.**

Pasha Azad al Azam ließ dieses Kunstwerk während seiner Zeit als Statthalter von Hama erbauen. Später übernahm er den Gouverneursposten in Aleppo und Damaskus. Die zweigeschossige Anlage ist noch so weit erhalten, daß erkennbar wird, mit welchem Ideenreichtum und welchem handwerklichen Können dieser Palast ausgeschmückt wurde. Jede Säule ist anders ausgebildet, jedes Fenster anders verziert. Besonders sichtbar wird dieser Reichtum in dem Haupthof, der einst den Männern vorbehalten war. Das älteste Areal ist der Hof der Frauen (Haramlik), in dem sich das Leben des privaten Bereiches abspielte.

Der Palast und ebenso die Stallungen werden heute als Museum genutzt und sind zu besichtigen.

Oben | **Die üppig bewachsene Fassade des Haupthofes.**
Unten | **Ein in Stein gearbeitetes Pflanzenmotiv auf einer Trittstufe.**

MUSEUMSGARTEN, GANZ AUS STEIN

Einstmals wohnte im Viertel Jdeide ein Großteil der Aleppiner Christen. 1757 wurde das Beit Ajikbash von einem reichen Händler, der sich in Syrien niedergelassen hatte, erbaut.

Die heute noch gut erhaltenen Wohnhäuser in der Altstadt von Aleppo stammen alle aus der osmanischen Zeit. Nicht selten gehören sie armenischen Familien. Der Mittelpunkt dieses großbürgerlichen Hauses und zugleich das Zentrum des Familienlebens ist der Raum unter freiem Himmel. Der Hofgarten, mit Grün bepflanzt, bietet Erholung von der staubigen Straße – an diesem Ort traf sich die Familie für gemeinsame Vergnügungen – völlig abgeschirmt von neugierigen Blicken.

Der Riyad bietet die Möglichkeit, sich frei zu bewegen, was sonst kaum möglich ist. So meint das Wort ›Dar‹, die Bezeichnung für Haus, auch den geschlossenen Lebensraum, das heißt den abgegrenzten Lebenskreis der Großfamilie.

Wie hier zu sehen, sind die Fassaden der Hofseite des Hauses reich geschmückt, von der Straßenseite gibt sich das Gebäude ganz unauffällig, sogar Fensteröffnungen fehlen. Die Gestaltung des Hofgartens ist recht spärlich, er gleicht mehr einem Platz, um den sich die Hausteile ordnen. Heute befindet sich in dem Gebäude ein Museum.

Oben | **Zamar Issa, die Leiterin des Museums für Volkskunst, das heute in den Räumen untergebracht ist.**
Rechte Seite und folgende Doppelseite | **Der Blick in den Hofgarten zeigt die schön gegliederte Fassade des zweigeschossigen Wohnhauses mit den fein gearbeiteten Fensterverzierungen im Stil des Rokoko. Der weit ausladende Hof ist etwa 200 m² groß.**

EINST DAR DES PASHA JABRE

Die massive armenische Steinbauweise charakterisiert die Häuser in Aleppo. Sie wird höchst wirkungsvoll aufgelockert durch die fein ausgeführten Steinmetzarbeiten, die Fenster, Türen, Nischen und Podeste effektvoll dekorieren.

Oben | **In allen Riyads führt eine außerhalb des Hauses angebrachte Treppe in das Obergeschoß oder zum Dachgarten. So kann man nur durch den Hof, das Kommunikationszentrum der Familie, nach oben gelangen. Häufig bietet das Treppengeländer eine Kletterhilfe für die Weinranken, die in keinem Garten fehlen.**
Rechte Seite | **Ein Nebenhof der großen Anlage wird heute von Yaser Aeray bewohnt.**

Diese großräumige Wohnanlage wurde im 14. Jahrhundert durch Pasha Azad Jabre erbaut. Sie liegt im Viertel der Handwerker, die Waagen bauen, unweit der eindrucksvollen, hoch gelegenen Zitadelle. Drei Gartenhöfe gehören zum Anwesen, das längst die Besitzer gewechselt hat. Der dritte Hof, der hier gezeigt wird, ist so weiträumig, daß er schon einem Platz gleicht. Er wird wie seit jeher für Feste und Empfänge genutzt. Musikkapellen ziehen dann ein und spielen zum Tanz auf. Der hoch gelegene Iwan ist im Bild rechts zu sehen (siehe S. 100), das Podest ist mit Steinmetzarbeit reich verziert. Die zu beiden Seiten des Iwans postierten Steinbänke gleichen zwei Skulpturen.

Oben | Der höher gelegene Iwan mit einer der beiden Steinbänke ist hier im Ausschnitt zu sehen. Davor der reich verzierte Steinfußboden, wie ein Teppich ausgelegt, ersetzt er ein Blumenbeet.

Oben | Eine der schön geformten Steinbänke. Sie gleicht einem Objekt, das auf alle Zeiten zum Hof gehört.

Oben | Eine sehr ausgefallene Fensterdekoration. Sie wirkt wie eine aus Stoff gefertigte Schabracke, die einen Bühnenvorhang einrahmt, so fein sind die Quasten und Blumen gearbeitet.

Rechte Seite | **Ansicht von Marrakech. Historischer Stich aus den Niederlanden. Privatsammlung.**

Jeder, der einmal die sonnenverbrannte, karge Landschaft in Nordafrika durchquert hat und dann das Glück hatte, sich abends in einem schattigen Garten erholen zu können, versteht, daß das Paradies für Muslime ein Garten ist. So schafft sich auch heute noch jeder, der die Möglichkeit hat, im Hof seines Hauses sein eigenes Paradies mit Brunnen oder Wasserbecken.

GÄRTEN IN MAROKKO

Rechts | **Ein Keramikteller aus Marrakech, 18. Jahrhundert. Sammlung Lucien Viola.**

Entsprechend muslimischer Lebensweise sind diese Gärten nicht zur Außenwelt geöffnet, sondern von hohen Mauern umgeben. In Europa findet dieser Gartentypus am ehesten seine Entsprechung in den von Kreuzgängen umfaßten Gärten mittelalterlicher Klöster. Höfische Gartenanlagen sind in der Regel unterteilt in einen äußeren Bereich, in dem der Herrscher repräsentierte, Audienzen abhielt und Gesandtschaften empfing, und einen inneren Bereich, der der Familie und dem nächsten Gefolge vorbehalten war. Das häufigste Schema orientalischer Gärten ist vorislamischen, iranischen Ursprungs. Der Grundriß wird bestimmt durch vier kreuzförmig angeordnete Kanäle, die den Garten in vier Segmente zerschneiden; deshalb der iranische Name Chahar Bagh: vier Gärten. Der Schnittpunkt der Kanäle, oft betont durch einen Brunnen oder Pavillon, symbolisiert den Weltenberg, das kosmische Zentrum der Welt; die vier Kanäle symbolisieren die vier Himmelsrichtungen und die vier Elemente.

Die islamische Gartenkunst hat dieses Schema übernommen. Die vier Kanäle stehen hier für die vier Ströme des Paradieses, die Wasser, Wein, Milch und Honig führen. Dieses Grundschema hat sich ab dem 9./10. Jahrhundert vom Iran aus in der islamischen Welt verbreitet. Das in Europa bekannteste Beispiel dieses Gartentyps ist der Löwenhof der Alhambra in Grananda. Über die ursprüngliche Bepflanzung dieser Gärten wissen wir wenig. Zypressen waren Symbole ewigen Lebens, Granatapfelbäume Symbole der Fruchtbarkeit, Rosen, Jasmin und Myrte lieferten mit ihrem Duft einen Vorgeschmack auf die Freuden des Paradieses.

Johannes Kalter

Unten | **Die Karte Marokkos zeigt die Städte, in denen sich die vorgestellten Gärten befinden.**

Grundriß | **Im Plan sieht man deutlich die strenge Gliederung der Gesamtanlage, der Hof mißt 110 x 135 m, allein das Wasserbecken ist 90 m lang. Der seitliche Schnitt ermöglicht es, die Höhenunterschiede wahrzunehmen. An den Schmalseiten der umfassenden Mauer liegt je ein Pavillon mit enormen Eingangstoren. Rechts und links von ihnen befinden sich Wasserbecken von 1 m Tiefe.**

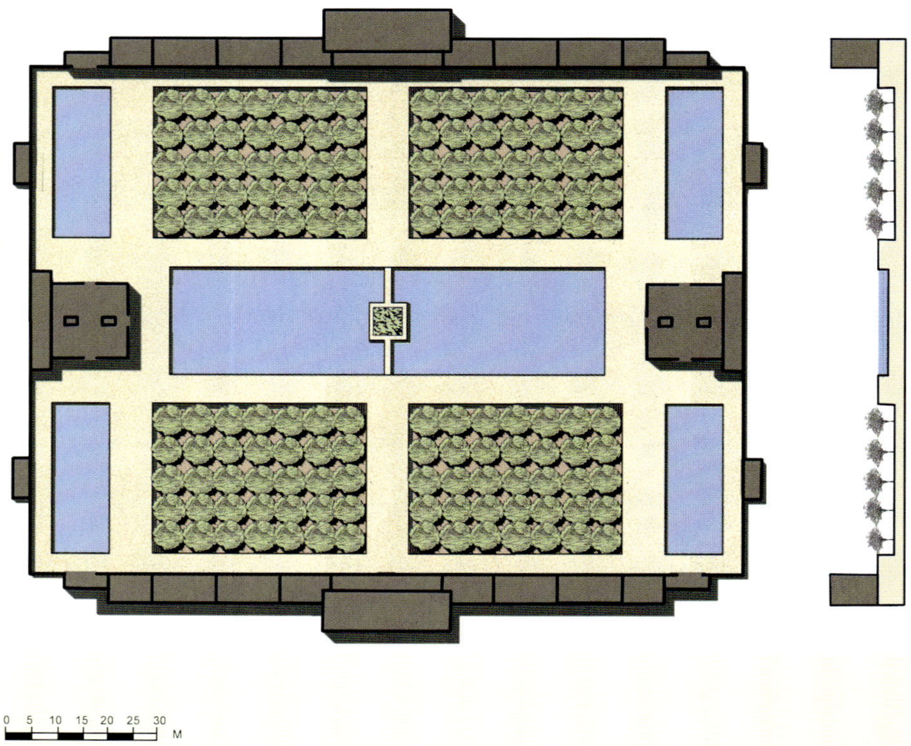

DER UNVERGLEICHLICHE PALAST

»Das Bild des Paradieses, das den Gottesfürchtigen verheißen ward: Durcheilt ist es von Bächen, und dauernd ist seine Speise und sein Schatten. Das ist der Lohn der Gottesfürchtigen.«

Koran, Sure 13/35

Oben | **Beeindruckend ist die Größe der Gartenanlage.**
Rechte Seite | **Über die erhöhten Gehwege am Wasserbecken erheben sich die Wipfel der tief stehenden Orangenbäume. Zahlreiche Störche suchen das ehrwürdige Mauerwerk als Winterquartier auf.**

Folgende Doppelseite | **Die Gesamtanlage mit der heute leider unvollständigen Bepflanzung.**

Der Al Badi-Palast ist nach dem Garten der Koutoubia-Moschee der älteste viergeteilte Riyad in Marokko. Nach dem Vorbild der kreuzförmigen Gärten von Sevilla und der Alhambra wurde diese Anlage ab dem Jahr 1578 von Ahmed al Mansour in Marrakech erbaut. Der ›Unvergleichliche Palast‹ war eine der prächtigsten Anlagen des Maghreb. Damals lag der Palast innerhalb der Kasbah und schien uneinnehmbar. Seine Ausmaße übertrafen alles bisher Dagewesene. 1710 wurde die Anlage fast völlig zerstört.

Eine kleine Pflanzeninsel schwimmt in der Mitte des langen Wasserbeckens, um 2,5 Meter tiefer liegende Beete fassen es ein. Man erzählt, der Sultan wollte während seines Lustwandelns mit der Hand nach den Früchten greifen können. Es ist verständlich, daß die tief liegenden Beete die Bewässerung vereinfachten. Die Bepflanzung, in Fünferreihen angeordnet, bestand aus Zitrusfrüchten sowie aus Myrten und Jasmin. Die goldgelben Früchte leuchteten zwischen dem dunkel glänzenden Laub vor den einst mit hellem Marmor belegten Wänden. Darüber erhob sich das schneebedeckte Atlas-Gebirge.

Links | **Einer der verschiedenen Höfe, die der Besucher durchwandern kann.**
Rechte Seite | **Der Eingang in der frischen blau-weißen Farbgebung.**

BAHIA-PALAST – EIN GARTEN EDEN

»Das Bild des Paradieses, das den Gottesfürchtigen verheißen ward: In ihm sind Bäche von Wasser, das nicht verdirbt, und Bäche von Milch, deren Geschmack sich nicht ändert, und Bäche von Wein, köstlich den Trinkenden, und Bäche von geklärtem Honig; und sie haben in ihnen allerlei Früchte und Verzeihung von ihrem Herrn.« *Koran, Sure 47/15*

Folgende Doppelseite | **Der zum Harem gehörende große Riyad war den vier Frauen und achtzig Konkubinen des Großwesirs vorbehalten. Er entsprach ganz der traditionellen Einteilung eines orientalischen Gartens.**

Der Bahia-Palast in Marrakech wurde Ende des 19. Jahrhunderts erbaut. Die labyrinthische Folge von Räumen und Höfen ordnet sich mit einem gewissen System um vier große Achsen. Der Eingang befindet sich im ältesten Teil des Palastes, der durch seine klare Linienführung und sparsame Dekoration besonders eindrucksvoll ist. Der große Empfangs-Riyad weist keinerlei Bepflanzung auf, aber schon durch die reich verzierten Fenstergitter läßt sich erspähen, daß sich dahinter der märchenhafte Garten des Harems verbirgt. Die Palmen und Zypressen sind inzwischen längst über die Dächer hinausgewachsen.

Das Grundmuster (Chahar Bagh) ist noch gut zu erkennen, das kreuzförmige Wegenetz unterteilt den Garten in vier gleiche, etwas abgesenkte Beete. Am Kreuzungspunkt befindet sich stets ein Wasserbecken. Mystiker sehen in dieser Anordnung die Urformel des Kosmos widergespiegelt: Die vier Weltströme unterteilen das Erdreich mit Milch, Wasser, Wein und Honig. Die Wegeachsen sind mit Marmorplatten belegt, die von bunten Kachelstreifen (Zellij-Mosaik) eingefaßt sind. Bunt gemischt sind die Bepflanzung, die Farben und Gerüche. Die Anordnung verstärkt den Eindruck eines ›Gartenteppichs‹. Nie fehlen in einem orientalischen Garten eine Dattelpalme, eine Zypresse, ein Granatapfelstrauch oder Rosen – von zahlreichen Dichtern besungen –, dazu Rosmarin und viele andere Duftkräuter.

Oben und rechte Seite | **Im Vierungspunkt der beiden Wegachsen steht der Springbrunnen in einem vertieften Becken mit schöner Mosaikarbeit. Beide Abbildungen zeigen das lebendige Zusammenspiel von Obstbäumen, duftenden Hecken und Blumen.**

S T E R N - G A R T E N

»Siehst du nicht, daß alles, was in den Himmeln und auf Erden ist, sich vor Allah niederwirft, die Sonne, der Mond, die Sterne, die Berge, die Bäume und die Tiere und die vielen Menschen?« *Koran, Sure 22/18*

Schwer zu finden ist dieses einzigartige Gartenkunstwerk mitten in der verwinkelten Medina von Fès. Der Garten gehört zu einem großen Anwesen, das um 1860 von Pasha Abd al Kari, »dem Großzügigen«, erbaut wurde. Sein Sohn Muhammad ist heute der Besitzer des immer noch privaten Palastes. Er ist ein liebenswürdiger und feinsinniger älterer Herr, der Besucher auf Anfrage gerne durch diesen Garten geleitet.

Eine zweiflügelige Tür führt vom Salon aus in die kunstvolle Anlage, die eng in das Hausgefüge eingebunden ist. Vierundzwanzig Künstler haben hier vielfältige Mosaiken ausgeführt. Die zahlreichen gelben Kachelplättchen stehen als Zeichen für die Sonne. Die Beziehung zwischen Sonne und Sternen unterliegt einer Symbolik, die den Künstlern als fromme Muslime wohlvertraut war. Uns verbleibt heute, die Formenphantasie und die einzigartige handwerkliche Qualität zu bewundern. Die Zeichen sind für uns nicht mehr lesbar.

Es ist nicht leicht für den Besitzer, die finanziellen Mittel aufzubringen, die die aufwendige Pflege und die Bepflanzung erfordern. Regelmäßig müssen die Zellij-Mosaiken nachgearbeitet werden. Die Bewässerung ist sehr aufwendig. Jeder Stern und jedes Kreuz ist von einer Rinne umgeben, die übertretendes Wasser abfließen läßt.

In einem weiteren Teil des Palastes ist eine Schule für Kunsthandwerker untergebracht.

Oben | **Ein Rosendetail.**
Linke Seite | **Wie ein Blumenteppich zieht sich das Kachelmosaik an den Säulen empor.**
Unten | **Ein in den Boden eingelassener sternförmiger Springbrunnen.**

Folgende Doppelseite | **Übersichtlich zeigt die Abbildung die ganze Pracht dieses Gartenkunstwerkes.**

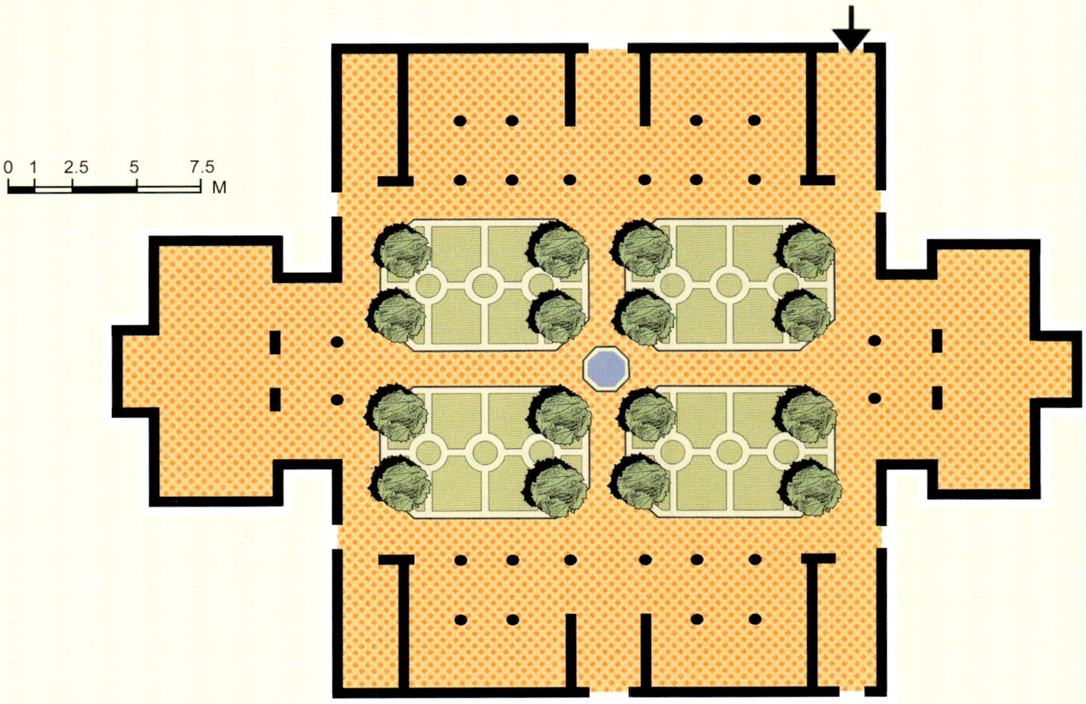

Grundriß | **Im Plan sieht man deutlich die geschlossene und symmetrische Anlage des Gartenhofes. Der Innenhof ist etwa 28,5 m lang und 21 m breit. Der Kreuzungspunkt wird durch eine Brunnenschale markiert. Die vier Pflanzfelder haben hier eine abgewandelte Form, im Grunde sind es Oktogone (11,5 x 7,5 m) – eine Variation der sonst strengen Anordnung. Sechzehn Säulen verleihen dem Hof Würde und Eleganz, einst nahmen sechzehn Orangenbäume den Rhythmus auf.**

IM STIL DER JAHRHUNDERTWENDE

»Diejenigen aber, die da glauben und das Rechte tun, die werden wir einführen in Gärten, durcheilt von Bächen, darin zu verweilen ewig und immerdar.« *Koran, Sure 4/57*

Der Al Glaoui-Palast befindet sich in der Medina von Marrakech. Fast übersehbar im turbulenten Gewirr führt eine kleine Tür in einen verwinkelten Gang. Die Abkühlung dankbar empfindend, steht der Besucher dann überrascht in den reich dekorierten Vorräumen des Palastes. Pasha Al Glaoui (1875–1956) regierte die Stadt Marrakech während der französischen Protektoratszeit. Ende der Zwanziger Jahre wurde dieser Palast erbaut. Es war die Zeit, in der die handwerkliche Kunst der serienmäßigen Herstellung weichen mußte und in der sich der allgemein gültige Geschmack im überladenen Dekor erging. Leider kann der Palast nicht besichtigt werden.

Der geschlossene Gartenhof gibt die klassische Form des orientalischen Riyads wieder. Breite Wege, mit Marmor und Zellij-Mosaik belegt, trennen die vier Beete voneinander. Von allen vier Seiten umgeben die eleganten Gemächer den Gartenhof, sie sind wie der Hof vom Sonnenlicht durchflutet. Statt der einst sechzehn Orangenbäume schmücken den Riyad heute noch zwölf, neben wohlriechenden Pflanzen wie Stockmalven, Jasmin, Rosen und Myrten. *Text in Zusammenarbeit mit Muhammad Elfaiz*

Linke Seite | **Wie in einem Märchenschloß zeigt sich die zwanglos wachsende Stockmalve und verzaubert die streng gegliederte Architektur.**

Oben | **Die üppig wachsenden Pflanzen lassen noch erkennen, wie sich die großen Zedernholztüren öffnen und den Blick in die Salons freigeben.**
Rechte Seite | **Die wuchtigen und reich verzierten Säulen könnten an ägyptische Tempel erinnern. Hier wirken sie mit ihrem blumigen Dekor wie eine Blütenpracht.**

RIYAD MITTEN IN DER MEDINA

Schriftsteller, Künstler und Reisende aus Europa entdeckten in der zweiten Hälfte des 19. Jahrhunderts ihre Leidenschaft für den Orient auf eine neue Weise. Als Vorreiter eines verfeinerten Wohn- und Lebensstils begannen sie, Altstadthäuser in der Medina zu erwerben und, mit viel Geld und Stilgefühl an die Tradition des alten marokkanischen Wohnhauses anknüpfend, ihre Domizile zu renovieren und neu zu beleben.

In der Medina von Marrakech herrscht quirliges Leben. Kinder spielen und lärmen in den engen Gassen, Handelsgüter und Lebensmittel werden auf Karren, Motorrädern, Lasttieren und Fahrrädern durch das Gewühl bugsiert. Einem verwirrenden Labyrinth gleich ist die Zuordnung dieser Straßen; spätestens nach vier Ecken weiß der Fremde nicht mehr, wo er sich befindet. Rötlich ist die Farbe der Hauswände, staubig der rote Boden. Alle nur vorstellbaren Gerüche umnebeln die Sinne. Der Türklopfer tut sein bestes, ein Diener öffnet, und nach wenigen Schritten befindet sich der Ankömmling in der wohltuenden Lieblichkeit des Gartenhofes. Kühl, frisch, duftend. In die plötzliche Stille fällt das feine Tröpfeln des Brunnens und melodisches Vogelgezwitscher.

Im marokkanischen Haus liegen die Zimmer wie schmale, langgezogene Rechtecke um den Hof herum. Sie sind nur durch den Riyad, das Gartenzimmer, zu betreten. Dieses Gebäude in der Medina wurde 1860 von einem wohlhabenden Gewürzhändler als Haus für seine Frauen seinem eigenen Wohnbereich hinzugefügt. Seine Ehefrauen und Konkubinen konnten es sich in diesem anmutigen Gartenhof recht wohl sein lassen. Die Mitte des Hofes ziert der Springbrunnen in einem vertieften Becken, das mit farbigen Mosaiken ausgekleidet ist. Vier Beete teilen den Garten symmetrisch ein. Sie sind mit Palmen, Zitrusbäumen, Hibiskus, Rosen und Pelargonien sowie mit einer ausladenden Fächerpalme bepflanzt. Der verbleibende Teil des Riyads ist mit Fliesen belegt, die ihn frisch und sauber wirken lassen. Das Klima dieses Landes läßt dieses Gartenzimmer zu einem echten Wohnbereich werden – von außen niemals einsehbar, ermöglicht es ein ungestörtes Familienleben.

Oben | **Teil der Medina und der Straße, die auf das Stadthaus zuführt.**
Rechte Seite | **Ein Blick vom Dach in den Gartenhof.**

Folgende Doppelseite | **Der Mittelpunkt des Riyads, das Wasserbecken, mit seinem tröpfelnden Springbrunnen. Das überlaufende Wasser dient den Vögeln zum Bade. Die schöne Handwerksarbeit der Zellij-Mosaiken ist in Marokko sehr verbreitet. Eine Palme, Hibiskus, ein Zitronenbaum, Pelargonien und Rosen begrünen diesen Garten.**

Oben | **Blick aus einem Wohnraum in den Gartenhof. Die Wandverkleidung aus Kachelstreifen (Zellij-Mosaik) setzt sich auch innerhalb der Wohnräume fort. Im Hintergrund die Fächerpalme.**
Rechte Seite | **Die Abbildung zeigt das hübsche Lichtspiel. Schwere Zedernholztüren verschließen die Öffnungen.**

Rechts | **Ein Wasserbecken mit Goldfischen im hinteren Teil des Gartens.**
Linke Seite | **Am großen Wasserbecken wachsen Palmlilie *(Yucca)*, *Aloë aristata* und verschiedene Sukkulenten in großer Üppigkeit.**

KOBALTBLAUE OASE

Der Majorelle-Garten läßt sich wie das Bild eines Künstlers genießen, das mit satten Farben überschwenglich gemalt ist. Der Maler schuf in seinem marokkanischen Garten ein Kunstwerk aus Pflanzen.

Dieser Garten liegt im modernen Teil von Marrakech, dort, wo die Palmeraie beginnt – eine 150 km^2 große Palmenoase – und wo die noblen Häuser der Reichen mit herrlichen Gärten hinter hohen Mauern verborgen sind. In den Zwanziger Jahren ließ sich der französische Maler Jacques Majorelle, der Sohn des berühmten Art déco-Möbeldesigners, in Marrakech nieder. Er baute sich eine marokkanisch inspirierte Villa und legte einen Garten an. Von seiner Leidenschaft für Pflanzen und Farben ist auch heute, Jahrzehnte nach dem Tod des Künstlers im Jahr 1962, noch viel zu spüren. Zwar sind die Bäume in die Jahre gekommen, aber den jetzt dichten Dschungel belebt ein wunderbares Spiel von Licht und Schatten.

Eine Schöpfung des 20. Jahrhunderts und doch ganz im Geiste der islamischen Gartenarchitektur geschaffen: mit seinen Wasserläufen, dem Seerosenteich, dem Plätschern der Brunnen und den geometrischen Achsen. 1933 begann der Künstler, sein Atelierhaus, Brunneneinfassungen, Podeste, Terrakottatöpfe und Pergolen in leuchtendem Kobaltblau zu bemalen. Nach dem Tod des Malers wurde der Garten von Yves Saint Laurent und Pierre Bergé restauriert und gepflegt, die ihn in seiner ursprünglichen Form erhalten haben.

Linke Seite | **Wild und üppig wachsen die Kakteen zu einem Dschungel.** Rechte Seite | **Blau ist die nicht zu übertreffende Farbe zur Ergänzung des Grüns der Natur. Das bezeugen die vier Abbildungen dieser Seite. Die Farbe Weiß ist sehr geeignet, Akzente zu setzen und Frische an Stellen zu bringen, wo es nötig ist. Architektur in Form von Mauerwerk, Pergolen, Türen und großzügiger Keramik bildet den Rahmen.**

Oben | **Der Kontrast von Hell und Dunkel ist ein erfolgreiches Mittel, um die Dramaturgie eines Gartens zu erhöhen. Hier läßt der schattige Gang durch die Pergola dahinter die Sonne auf dem lichten Grün erblicken.**
Rechte Seite | **Fast wild wachsen Gruppen von Sukkulenten, Pelargonien und die hoch emporkletternde Bougainvillea.**

Oben | **Seerosen waren ein beliebtes Motiv des Malers. Der Teich wird von einer blauen Mauer eingerahmt. Blau bemalte Säulen spiegeln sich im Wasser, Goldfische und die roten Blüten der Seerosen tun ein übriges, um die Stimmung in Vibration zu versetzen.**
Rechte Seite | **Das blau bemalte Springbrunnenbecken erhebt sich über das in Blau eingefaßte Wasser. Selbst die Luft scheint von Blau erfüllt zu sein.**

SM

Oben | **Kakteen, verschiedene Sukkulenten, Klettergewächse und Stauden wachsen hier wie ein Dschungel durcheinander. Und dennoch wacht die ordnende Hand des Obergärtners, daß nicht eine Pflanze die andere verschlingt.**
Linke Seite | **Auch ein Bambuswäldchen ist im Majorelle-Garten angelegt. Der Künstler war sich der graphischen Wirkung dieser Pflanze sehr bewußt, sonst ist sie in orientalischen Gärten selten anzutreffen.**

INMITTEN DER ORANGENBÄUME

»Für den aber, der seines Herrn Rang gefürchtet, sind der Gärten zwei. Beide Gärten mit Zweigen. In ihnen sind von jeder Frucht zwei Arten. In beiden sind Früchte und Palmen und Granatäpfel.« *Koran, Sure 55/46, 48, 52, 68*

Oben und rechte Seite | **Von der Straße aus ist nichts von diesem Gartenparadies zu erkennen, erst hinter einem großen Tor offenbart sich die Oase. Der Blick fällt hier auf den Aufgang zur Terrasse.**

Prinz Fabrizio Ruspoli ist der Besitzer eines kleinen, sehr gepflegten Hotels in der Medina von Marrakech. Mit der gleichen Perfektion verwaltet er seine große Orangenplantage nebst Farmhaus und Garten am nördlichen Stadtrand, die von weitläufigen Golfanlagen umgeben sind. Vom Dachgeschoß seines Hauses sieht man im Vordergrund das Panorama des lieblich anmutenden Gartens, beschattet von ausladenden Feigenbäumen (siehe kleine Abbildung). Dahinter liegt das Feld mit den dunkelgrünen, kugelrunden Orangenbäumen. Sie werden eingefaßt durch ein Band silbergrauer Olivenbäume, die wiederum von nadelspitz aufragenden, schwarzgrünen Zypressen flankiert werden. Weit in der Ferne ist der Turm der Koutoubia-Moschee zu erkennen – alles zusammen ein traumhafter Ausblick, eine Komposition ständig wechselnden Grüns und bewässerter Fruchtbarkeit.

Fabrizio ist ein großer Gartenliebhaber. Er hält seine Gärtner an, die der Tradition orientalischer Gärten folgenden Wasserkanäle gut zu pflegen. Gerade von hier oben läßt sich verfolgen, wie sie in symmetrischer Geometrie das Grün durchlaufen, eingerahmt von weiß blühenden Engelstrompeten. Um diesem Gartenparadies in seiner Üppigkeit eine zusammenfassende Ordnung und Einteilung zu geben, hat Fabrizio Ruspoli Wege und Wasserkanäle angelegt. In der Frische des lichten Grüns plätschert unaufhörlich Wasser, ein Kuckuck ruft in der Ferne, Tauben gurren, gerade läßt sich eine Schar weißer Ibisse wie eine Wolke in den hohen Zypressen nieder. Starke Düfte berauschen die Sinne von allen Seiten, es scheint Frühjahr und Sommer zugleich zu sein, in diesem Garten Eden.

Linke Seite, oben | **Die Blüte einer *Datura suaveolens*, eine zartrosa blühende Engelstrompete. Eine *Rosa chinensis* klettert am Stamm der Palme empor.**
Linke Seite, unten | **Wie eine Wolke legt sich die weiß blühende *Bougainvillea* über die Stampflehm-Mauer.**
Die weiß blühende Engelstrompete, *Datura x candida*.

Rechte Seite | **Der Stamm einer Palme im Detail mit rankender Kapuzinerkresse.**

Folgende Doppelseite | **Der Garten wird symmetrisch durch den Wasserkanal unterteilt. Eine Reihe von Wasserspeiern setzt die Anlage in Szene. Die sorgfältigen Steinarbeiten bilden eine schöne Einrahmung. Rechts und links blüht die Engelstrompete in üppigen Mengen.**

Links oben | **Ein kleiner Ausschnitt der panaschierten Kapuzinerkresse.**
Rechts oben | **Eine der Wegachsen mit einem schönen Steinpflaster.**

Unten | **Ein kleiner Teil des Kakteenbeetes.**
Rechte Seite | **Hier mischen sich eine weiße Bougainvillea und eine rosa blühende Kletterrose miteinander an der Wand.**

DER KAKTEENGARTEN

»Zufrieden mit ihrer Mühe auf Erden, in hohem Garten, in dem sie kein Geschwätz hören. In ihm ist eine strömende Quelle, in ihm sind erhöhte Polster und hingestellte Becher und aufgereihte Kissen und ausgebreitete Teppiche.« *Koran, Sure 88/9–16*

Das Grundstück gehörte einst zum Garten des Künstlers Majorelle. Nach dessen Tod erwarb es der Sammler Bernard Tapie. Von ihm kaufte der heutige Besitzer Omar Benjelloun das Gelände. Nach dreijähriger Bauzeit gelang es ihm, mit der Hilfe eines Architekten hier ein wunderbares Domizil mit einem traumhaften Garten zu errichten. Omar Benjelloun und seine Frau sind große Orientliebhaber. Von ihren zahlreichen Reisen brachten sie nicht nur anregende Ideen mit, sie füllten ihr Haus auch mit schönen Bildern und wertvollen Objekten. Der Hausherr hat ein besonderes Faible für Kakteen. Aus allen Teilen der Welt bringt er Pflanzen mit, die seine Kollektion vervollständigen. Eine zweite Passion des Gartenfreundes ist es, Rosen zu züchten – am liebsten in seinem Garten in Casablanca, wo das Klima für Rosen ganz ideal ist.

Der Garten in Marrakech ist eine geglückte Verbindung aus klar gegliederter Architektur, einem umfangreichen Kakteenbeet und weiten Teilen romantischer orientalischer Gartengestaltung. Eine Reihe von geräumigen Terrassenplätzen zeigt, daß eine große Familie in diesem Garten lebt. Und auf Schritt und Tritt begegnet man originellen und dekorativen Ideen.

Oben | **Ein Arrangement aus Amphoren, die, ein Stück in den Rasen eingegraben, ein hübsches Stilleben bilden.**
Linke Seite | **Besucher fahren über den Kanal mit sprudelndem Wasser bis zum Parkplatz.**
Unten | **Eine elegante Sitzgruppe im Stil des Empire mit Elfenbeinintarsien.**

Oben | **Vielfältig ist die Pflanzensammlung von Omar Benjelloun, durch fast haushohe Kakteen fällt der Blick auf das Wohnhaus, das im Stil einer Kasbah gebaut ist. Das Grundstück wird seitlich von einem Teich begrenzt. Anmutig spiegelt sich der kleine Pavillon aus Marmor in ihm.**

Oben | **Ein Säulenkaktus überragt den Pavillon und läßt ihn zu einem kleinen Detail in einem Märchen werden. Unzählige Wasserkrüge sind rechts zu einer Weintraube zusammengeschnürt, verknotet und in einem alten Olivenbaum aufgehängt.**
Rechte Seite | **Der Name ist das Originellste an diesem Kaktus: Schwiegermutterstuhl *(Echinocactus grusonii).***

Linke Seite | **Der sehr graphisch gestaltete Hauseingang.**

IM HOF DER PFAUEN

Auf dem großen »Platz der Plätze«, dem Jemaa al Fna in Marrakech, der alles bietet, was das Märchen von 1001 Nacht erzählt, liegt bei der Moschee das Café de France. Von dort aus schlängelt sich der Weg durch den Souk, und nach einigen Windungen gelangt man in die Gasse Derb Mesfion 9, die so schmal ist, daß es Mühe macht, an einem Eselskarren vorbeizukommen.

Einst gab es hier im Viertel Rahba Kedima nur vier große Paläste, dazwischen lagen die ausgedehnten Obst- und Gemüsegärten, die die Anwohner mit Nahrung versorgten. Im Laufe der Zeit teilten die Familien ihre großen Stadtpalais immer wieder. Nach 1850 verschwanden die Gärten völlig. Zurück blieben durch Umbauten kleinere Wohneinheiten mit Innenhöfen, in denen sich die alten Bäume erhielten, die heute die Mauern weit überragen. Der Hof des Riyad Enijir ist mit etwa 340 m^2 Grundfläche einer der größten in der Medina. Vor 170 Jahren ließ der Seidenhändler Benluna aus Fès das Haus für sich und seine vierzigköpfige Familie und noch einmal so viel Personal erbauen. In den vergangenen zehn Jahren war das Grundstück unbewohnt. Jetzt hat ein Schweizer Paar mit der Renovierung begonnen. Das Anwesen soll sich in ein Hotel mit vierzehn Zimmern verwandeln.

Der Hof hat die traditionelle Vierteilung mit einem Brunnen in der Mitte. Die vier Gartenfelder leiden ein wenig unter der Tierliebe der Besitzer: Ein Pfauenpaar, zwei Goldfasane, eine Eule, ein Igel, zahlreiche Schildkröten und ein riesiger Hund nehmen diese Oase für sich in Anspruch. An den beiden Stirnwänden des Gartenrechteckes liegen hinter den Säulen die Zimmer. Die vier Felder des Gartens hat Björn Conerding mit frischer Erde versorgt – so werden Fächerpalmen, Zitrusbäume, Zypressen und Jasmin zu neuem Wachstum gelangen.

Rechts | **Der Blick aus einem Gästezimmer in den Innenhof.**

Oben | Von der obersten Dachterrasse aus sieht man nicht nur in alle nachbarlichen Innenhöfe, hier wird die Gliederung des Gartens durch das Wegkreuz besonders deutlich. Das Fliesenmuster wiederholt sich in allen Höfen und faßt die Wege mit der leicht erhöhten Kante ein. Der Pfau verläßt den Hof nur selten, an seinen Futterplatz kehrt er immer wieder zurück.

Oben und rechte Seite | Die Abbildungen zeigen einzelne Bereiche des Gartens. Das Spiel des Lichtes auf den dekorativen Fächerpalmen verzaubert diesen Ort. Die Handwerker gaben ihr Bestes, um die alte Bauweise zu restaurieren und in unsere Tage zu retten.

Links | **Strenge Symmetrie gliedert diese Anlage an der Seite des Wohnhauses. Vier Keramikgefäße mit Aloen umgeben das Wasserbecken, das mit einem Mosaik ausgelegt ist.**
Linke Seite | **Ein kleiner Teich an der Eingangsseite des Hauses, gefüllt mit Sumpfpflanzen.**

GARTEN DER VILLA OASIS

»Frohe Botschaft euch heute! Gärten, durcheilt von Bächen, ewig darinnen zu weilen! Das ist die große Glückseligkeit.« *Koran, Sure 57/12*

Im Jahre 1924 baute sich der Künstler Jacques Majorelle diese Villa im Stil des damaligen Zeitgeschmacks, umgeben von einem großen und prachtvollen Garten. Nach seinem Tod erwarb Yves Saint Laurent das Grundstück. Er ließ das Haus ganz im Sinne von Majorelle im neomaurischen Stil restaurieren. Der Garten wurde geteilt. Der zum Atelier des Künstlers gehörende Teil ist der heutige Majorelle-Garten, er steht den Besuchern offen. Der private Garten von Yves Saint Laurent und Pierre Bergé liegt am einstigen Wohnhaus, der Villa Oasis, und ist nicht für die Öffentlichkeit zugänglich. Er entspricht ganz der Tradition orientalischer Gärten.

Die vorherrschende Längsachse läuft gerade auf das Haus zu und teilt den Garten in zwei fast symmetrische Hälften. Durch zwei Querachsen entstanden sechs verschiedene Gartenfelder, die mit Blumen und Obstbäumen bepflanzt sind. Seerosenteich, Wasserbecken, Springbrunnen und ein Pavillon lösen die Geradlinigkeit der Anlage in Romantik und Emotionen auf. Die akzentuierte Farbgebung erinnert an die Handschrift des Malers Majorelle. Steil aufwachsende Zypressen und alte, knorrige Oliven erzählen vom Ideal des paradiesischen Gartens, in dem neben wohlriechenden Pflanzen und Blüten auch fruchtbare Obstbäume ihren Platz finden. Diese üppige Fülle und das symbolträchtige Nebeneinander sollen uns die Vorstellung vom Garten Eden hier auf Erden ermöglichen.

Kleine Abbildungen | **Details aus dem seitlich gelegenen Gartenbereich. Große Schildkröten aus Kupfer stehen am Eingang. Sie sind mit Erde gefüllt und mit *Sedum palmeri* bepflanzt, einem mexikanischen Bergsedum, das gelb blüht.**
Rechts | **Blick vom Hauseingang entlang der Hauptachse, die den Garten in zwei Hälften teilt. Der zentrale Springbrunnen im großen, blau-grün gekachelten Wasserbecken betont die Symmetrie der Anlage und läßt sie großzügig und elegant erscheinen.**

Linke Seite | **Eine *Aloë aristata* am hinteren Teil der Hauptachse.**
Rechte Seite, oben | **Blick über die Hauptachse zum Haus. Der Teich am Hauseingang im Detail (siehe auch S. 154).**
Rechte Seite, unten | **Der große Seerosenteich.**
Ein *Sedum nussbaumerianum* im Topf, dazwischen hat sich ein Ziegenfüßiger Sauerklee *(Oxalis pes-caprae)* eingenistet.

Folgende Doppelseite | **Ein großer Seerosenteich liegt seitlich des Hauses. Fast scheint der Pavillon in ihm zu schwimmen – ein malerischer Platz, um den orientalischen Garten in vollen Zügen zu genießen.**

Rechte Seite | **Ein historischer Stich aus Pakistan. Das Thema der Darstellung ist die Ragim (Melodie), deren Stimmung hier wiedergegeben wird. Privatsammlung.**

Ein wesentlicher Teil der Geschichte der Gärten des Mittleren Ostens ist eng mit der Moghul-Herrschaft verknüpft. Somit hat die Kultur des Islam die Architektur und die Gartengestaltung dieser Länder in hohem Maße geprägt und dauerhafte Zeugnisse hinterlassen.

GÄRTEN IN INDIEN UND PAKISTAN

Unten | **Rot blühender Strauch, ein Wandbild aus der mit Pflanzendarstellungen reich geschmückten Wazir Khan-Moschee in Lahore.**

Unten | **Die Karte zeigt die Städte Indiens und Pakistans, in denen sich die vorgestellten Gärten befinden.**

Der Feldherr und Begründer der Moghul-Dynastie Babur (1483–1530) hatte ein außergewöhnliches Gespür für Schönheit und Ästhetik. Zu Beginn des 16. Jahrhunderts ließ er die ersten Gärten in Kabul anlegen, es folgten Anlagen in Agra, Lahore und Kashmir. ›Der Garten des Frohsinns‹ erhielt damals besondere Aufmerksamkeit, doch sie alle waren ausschließlich der Freude des herrschaftlichen Besitzers gewidmet. Die einzelnen Entwürfe ähnelten einander, denn sie waren nach persischen Vorbildern angelegt und folgten der Gesetzmäßigkeit des Chahar Bagh.

Den Ausgangspunkt für diese Entwicklung bildete demnach weitgehend Persien. Um das Jahr 850 entstand der erste Garten dieser Art, mit einem Kanal als Achsenkreuz, der die Anlage in vier quadratische Flächen teilte, die von einer hohen Mauer eingeschlossen wurden. Mit dem Chahar Bagh – dem viergeteilten Gartenschema – war eine Form gefunden, mit der sich die islamische Vorstellung des Paradiesgartens in die Gestalt eines irdischen Gartens übersetzen ließ. Es blieb nicht allein dabei, das Paradies auf Erden abzubilden und zu verherrlichen, auch weltliche Machtansprüche flossen in diese Symbolik mit ein. So wurde des Schema des viergeteilten Gartens auch bei Begräbnisstätten angewendet (Mausoleumsgarten) und mit tiefreligiöser Symbolik wie auch mit weltlicher Machtvorstellung, Festlichkeit und Anbetungszeremonien verbunden.

Ähnlich wie in der Bibel und im Koran das Paradies und seine sinnlichen Genüsse beschrieben werden, sind diese Gärten in der Kunst und Literatur in vielfältiger und feinsinniger Form dargestellt. Dieses Konzept des streng geometrisch gegliederten Gartens setzt sich in seiner charakteristischen Form bis in die Moderne fort und ist noch heute zu finden.

Rechte Seite | **Eine Annäherung von der Seite. Der Wasserlauf führt vom Eingang auf das Mausoleum zu. Die seitlichen Rasenflächen sind von bandförmig verlaufenden Steinplatten durchzogen.**

Folgende Doppelseite | **Die Biegung des Flusses und die Ansicht der Grabstätte von der Uferseite. Im Vordergrund zwei der 42 m hohen Minarette.**

SYMBOL DER LIEBE

Taj Mahal, dieses gewaltige, in Marmor gemeißelte, meistfotografierte Gesamtkunstwerk der Welt hat auf jeden Besucher eine atemberaubende Wirkung.

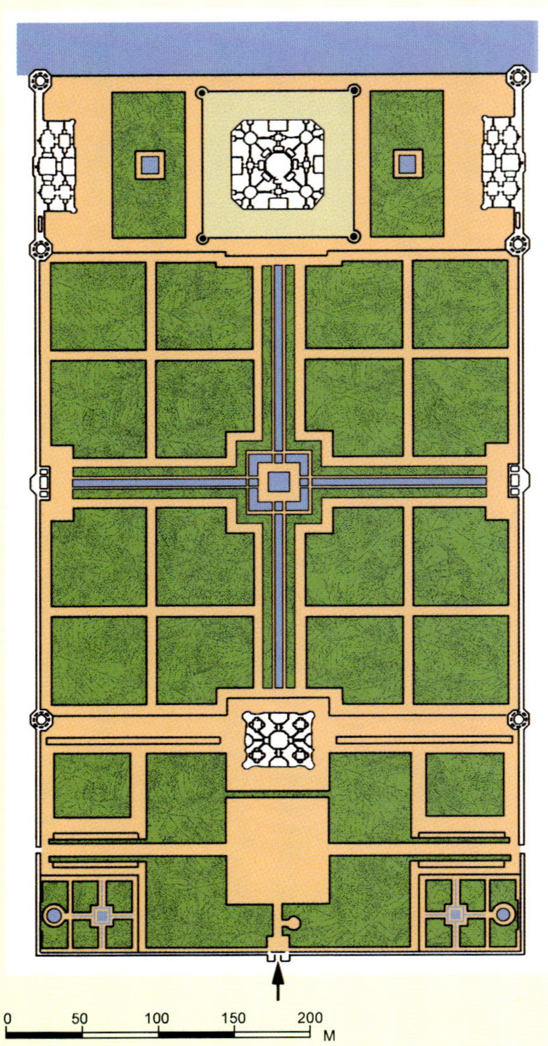

Grundriß | **Die Gartenanlage des Mausoleums, vom Eingang bis zum Ufer des Yamuna. Das Wasserkreuz der Kanäle teilt die Gartenfläche in vier gleich große Quadrate, ohne den freien Blick auf das Mausoleum zu unterbrechen. Der Grundriß ist bereits ein kleines Kunstwerk der Symmetrie und der harmonisch ausgewogenen Proportionen und zeigt die Perfektion der Architekten jener Zeit.**

›Erlesenste des Palastes‹, so lautete der Ehrentitel der Maharani Mumtaz i Mahal, die 1631 bei der Geburt ihres vierzehnten Kindes im Alter von 38 Jahren starb. Sie nahm ihrem Mann die Versprechen ab, nicht wieder zu heiraten und ihr das prächtigste Mausoleum zu errichten, das die Welt je gesehen hatte. Kaiser Shah Jahan erfüllte beides.

Wechselnde Lichteffekte steigern den Anblick. Ganz gleich, zu welcher Tageszeit sich der Besucher diesem Mausoleum nähert, er erlebt eine alles übertreffende Harmonie, die hier Garten, Landschaft und Monument zum Einklang bringt. Das Bauwunder liegt in einer prächtigen Gartenanlage, die ein großes Rechteck von etwa siebzehn Hektar umfaßt. Das Mausoleum diente früher zugleich als Festhalle, Pilgerstätte und Anbetungsort. Vor dem Haupteingang finden sich noch heute Übernachtungsmöglichkeiten für Pilger. Hat man den aus rotem Sandstein mit weißer Marmoreinlage gebauten Haupteingang durchschritten, so liegt die langgestreckte Gartenanlage in ihrer ganzen symmetrischen Großzügigkeit vor dem Betrachter.

Im Unterschied zu den meisten Moghul-Gräbern und ihrer Gärten liegt hier das Mausoleum nicht in der Mitte, sondern ganz am Ende des Gartenrechteckes, fast am Ufer des Flusses Yamuna. Dennoch stammt das Konzept aus der frühen Moghul-Periode und ist noch stark von persischen Stilelementen beeinflußt. In den meisten Gärten dieser Art beeinträchtigt das Grabmal die lange Blickachse der Gartenanlage. Hier bilden die weite Flucht des Wasserkanals und die seitliche Bepflanzung eine beeindruckende Einrahmung bei der Annäherung an das ganz aus weißem Marmor erbaute und auf einem roten Sockel aus Sandstein ruhende Grabmal. Für einen Augenblick fühlt sich der Betrachter an barocke Gartenarchitektur erinnert.

Der viergeteilte Grundriß ist nicht nur typisch für Moghul-Gärten. Er ist das charakteristische Merkmal des persischen Gartens, Chahar Bagh, ob die Anlage nun quadratisch oder rechteckig ist. Immer befindet sich im

Kreuzungspunkt der vier Wasserkanäle das zentrale Wasserreservoir in Form eines großen Beckens, hier ganz aus weißem Marmor. Dieses erhöhte Becken hat die symbolische Bedeutung des himmlischen Bassins und dessen Überflusses (Bagh i Adan). Die eine Kanalachse verläuft vom Norden (Eingang) zur Südseite (Plattform des Mausoleums), die andere von West nach Ost und verbindet dabei die beiden großen seitlichen Pavillons aus rotem Sandstein an den seitlichen Begrenzungsmauern.

Die Architekten ließen sich von den damals sehr beliebten kosmologischen Diagrammen inspirieren, die den Paradiesgarten am Tag des Jüngsten Gerichts darstellten. Sollte doch der Garten die genaue Wiedergabe des himmlischen Paradieses sein, eine visuelle Interpretation der literarischen Schriftquellen aus dem Koran. Spätere Wissenschaftler haben viel Arbeit darauf verwendet, den ursprünglichen Entwurf der Anlage und das feine Netz der Quadraturen zu entschlüsseln. Leider sind die ursprünglichen Entwurfspläne nicht mehr vorhanden. In zwei persischen Schriften damaliger Historiker wird aber von dem Mausoleumsgarten und seinen Abmessungen berichtet. Zwischen Eingangsgebäude und dem roten Sandsteinsockel des Mausoleums erstreckt sich der Garten in einer Länge von 300 Metern. Die acht Gehwege fassen die Wasserkanäle ein, die durch viele Fontänen belebt werden. Aromatische Kräuter, Blumen und alte Bäume schmücken die Gartenfläche. Die Böden der Gehwege sind mit schön gemustertem, rotem Sandstein gepflastert, an der Ost- und Westseite befindet sich je ein Portikus mit zwei Seitenräumen.

Die atemberaubende Schönheit des Taj Mahal wechselt die Stimmung wie ein lebendes Wesen. Bei Vollmond glänzt der weiße Marmor wie Edelsteine in der hellen Nacht.

Rechte Seite | **Von den Marmorgemächern des Fort von Agra mit ihren vergoldeten Dächern fällt der Blick über den Yamuna-Fluß auf das am Ufer liegende Taj Mahal.**

Vorhergehende Doppelseite | **Das auf einem Sandsteinsockel ruhende Mausoleum, eingerahmt von den vier Minaretten. Scherenschnittartig heben sich die Silhouetten der Koniferen von dem glänzenden Marmor ab.**

Folgende Doppelseite | **Der Haupteingang an der Nordseite. Einer Apsis vergleichbar faßt der Bogen die übereinander liegenden Nischen zusammen. Roter Sandstein und weißer Marmor schmücken die Fassade.**

Linke und rechte Seite | **Beide Abbildungen zeigen die Gärten der Festungsanlage von Agra.**

Folgende Doppelseite | **Symmetrisch gliedert die Architektur den Garten Ram Bagh. Er liegt an der anderen Seite des Flußufers, in der einstigen Gartenstadt Kabul. Der Blick fällt über die Wasserbecken hinweg auf den Pavillon aus rotem Sandstein. Das schmückende Gitter, ebenfalls aus Sandstein, trennt den am Ufer gelegenen Terrassenteil von den großen Parkflächen, die sich stadteinwärts ausbreiten. An der Restaurierung des Gartens wird gearbeitet.**

DIE GÄRTEN AM YAMUNA

Die Festung von Agra, über dem Ufer des Yamuna-Flusses gelegen, bildet einen Höhepunkt der Moghul-Architektur und ihrer Gartengestaltung. Von Kaiser Akbar in nur acht Jahren erbaut, mehrfach verändert und erweitert, kündet das majestätische Werk noch heute vom ästhetischen Gespür seines Erbauers.

Das Fort mit gewaltigen Mauern blickt weit in das flache Land, durch das sich der Flußlauf windet. Zahlreiche Gartenanlagen beleben die Bereiche zwischen den Sandsteingebäuden mit erfrischendem Grün. Die handwerkliche Qualität der Bauausführung ist einzigartig: Naturalistische Pflanzenreliefs im weißen Marmor zeugen vom botanischen Verständnis der damaligen Zeit. Das Flußufer bietet viele Möglichkeiten für das in der Moghul-Architektur immer wiederkehrende Thema der Wassergärten. Von der Höhe des Forts gibt es einen schönen Blick auf das Taj Mahal, das durch seine Lage am Yamuna auch zu den Ufergärten gehört.

Sechs Kilometer nordöstlich des Stadtzentrums von Agra lag einst die Gartenstadt Kabul am Ufer des Flusses Yamuna. Um Schutz vor der gnadenlose Sommerhitze zu finden, ließ der Moghul-Kaiser Babur schon um 1526 herrliche Gärten in der sonst eintönigen Landschaft am Flußufer anlegen. Dort genoß er mit seinem Hofstaat die angenehme Kühle in der Nähe des Wassers. Obendrein war der Boden dieser Flußlandschaft sehr fruchtbar; Blumen und Obstbäume gediehen zur Freude der kaiserlichen Gartenbesitzer vortrefflich.

Rechts | **Die große Anlage wirkt fast modern in ihrem ruhigen und strengen Gleichmaß. Der rote Sandstein verbindet sich ohne viel Ornament auf das schönste mit dem Grün der Natur. Und jeder Besucher genießt die frische Brise, die stets vom Fluß herüberweht.**

Leider war die Freude nicht von langer Dauer. Die verfallenen Gärten wurden hundert Jahre später neu entdeckt, erweitert und zu einer großzügigen Gartenlandschaft ausgebreitet. Besonders schön ist das weite Panorama, betupft mit schwarzen Rinderherden und großen Vogelschwärmen. Die Moghul-Gärten lagen etwas höher als der Fluß, waren aber vom Schiff aus zugänglich. Stieg der Fluß infolge starker Monsunregenfälle erheblich über die Ufer, so zerstörte der Schlamm das Gartenmauerwerk und überflutete die Grünflächen.

Der Garten Ram Bagh (Garten der Erholung) ist von hohen Mauern eingefaßt. An den vier Ecken stehen Türme, ein Pavillon dient flußseits als Aussichtsturm. Im Stil aller Moghul-Gärten ist auch hier die Grünfläche durch den Wasserlauf in vier Quadrate unterteilt, der Grundriß hat die Form eines großen Quadrats, dem an der Flußseite ein Rechteck vorgelagert ist, das Terrassen und Säulenpavillons aufnimmt. Der sehr stimmungsvolle Garten wird derzeit vom Gouvernement sachkundig restauriert, um zu retten, was noch zu retten ist.

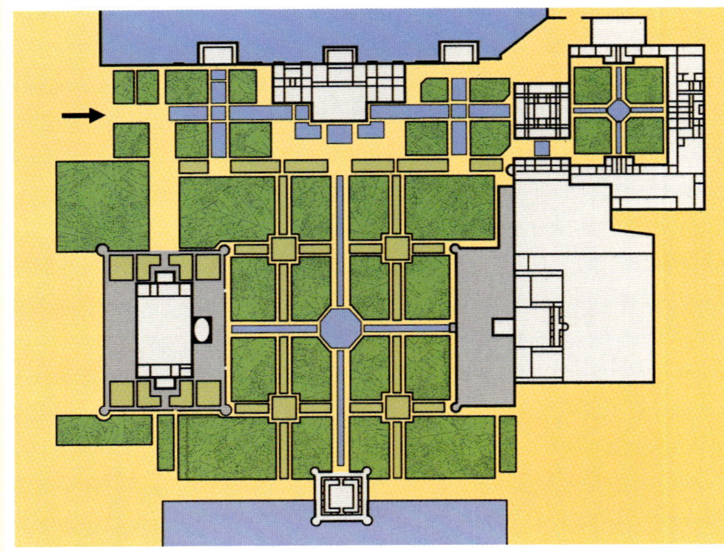

Grundriß | **Die Aufteilung der Anlage durch das große Hauptkreuz ist deutlich zu erkennen. Jedes der vier Felder ist nochmals in vier Viertel aufgegliedert. Dies entspricht der schon manieristisch geprägten Spätform der Moghul-Gärten. Den Mittelpunkt bildet das achteckige Wasserbecken. Die Achsen werden durch die Wasserläufe betont, die schmalen Wege begleiten diese lediglich. Durch das Dorf gelangt man zum Eingang an der Nordseite, östlich und westlich wird die Anlage von Wasserbecken begrenzt.**

0 20 40 60 80 100 M

PALASTGARTEN VON DEEG

Eine Autostunde von Agra entfernt liegt der große Paradiesgarten Gopal Bhavan, ein architektonisches Juwel im Stil des späten Moghul-Reiches.

Oben | **Die Straße führt zum Garteneingang.**
Rechte Seite | **Löwentor (Singh Pol) wird das Bauwerk an der Nordseite genannt. Die Dorfbewohnerinnen holen ihr Wasser aus dem östlichen Wasserreservoir. Dabei durchqueren sie den Garten, die Wasserkübel auf ihren Köpfen anmutig balancierend. Wie bunte Blumen wirken die Trägerinnen in ihren farbigen Gewändern.**

Folgende Doppelseite| **Der Sawon Bhavan**

Die von Badan Singh 1722 erbaute Sommerresidenz liegt in einer fruchtbaren Landschaft unweit eines großen Nationalparks. Man betritt den Garten von Norden durch den Singh Pol und sieht das typische Bild eines viergeteilten Moghul-Gartens vor sich. Die Palastanlage verkörpert den Rajputen-Stil in seiner letzten, bereits vom Manierismus geprägten Phase. Die Bauten ordnen sich am Rand an und bilden mit dem Garten eine Einheit. Vier Kanäle gliedern die Anlage in vier gleiche Teile, in deren Mitte sich ein achteckiges Bassin befindet, gleichzusetzen mit der paradiesischen Quelle. Sie läßt Ströme in alle vier Himmelsrichtungen fließen. Die Wasserläufe bilden hier die eigentlichen Achsen, die Wege sind nur begleitend angelegt – ein typisches Stilmittel der persischen Gartenarchitektur.

Der spielerische Umgang mit dem kostbaren Element Wasser macht den Aufenthalt in der schönen Gartenumgebung zum erfrischenden Erlebnis. Neben Kanälen, Wasserrutschen und Bassins sind die rund fünfhundert Kaskaden in unterschiedlicher Größe das auffallendste Gestaltungsmittel. Tiefer liegende Niveaus und Kanäle sind ein weiteres Kennzeichen dieses Gartens. Während sich die umgrenzenden Häuser auf der etwa zwei Meter höheren Plattform befinden, durchquert man den Garten axial entlang der tiefer liegenden Wege. Auf der umlaufenden Plattform flaniert man dagegen in der Höhe der Baumkronen. Auch das ist ein typisches Motiv des Moghul-Gartens.

Thomas Goebel-Groß

Oben | Die ursprüngliche Form der Gartenanlage ist heute nicht mehr sichtbar. Parkartig hebt sich der alte Baumbestand heraus und läßt an englische Landschaftsgärten denken. Die abgesenkten Rasenflächen und Wasserkanäle des Chahar Bagh geben dem Ganzen einen stimmungsvoll versunkenen Eindruck.

Oben | Die Architektur faßt die unterschiedlichen Teile des Gartens zu einem ausdrucksvollen Gesamtkonzept zusammen.
Rechte Seite | Auf einer Plattform über einem Wasserbecken steht diese Marmorschaukel, eine Hindola aus der Zeit um 1630. Es muß ein Vergnügen gewesen sein, über den Fontänen zu schwingen, den Blick auf die zentrale Gartenachse gerichtet.
Folgende Doppelseite | Ausladende alte Bäume vor dem Nand Bhavan.

JAHANGIRS GARTEN

Um 1535 wurden die ersten Moghul-Bauten und die dazugehörigen Gärten in der Tradition altpersischer ›Paridaeza‹ in Lahore angelegt. Davon ist nur wenig bis heute erhalten geblieben. Der Garten in Shahdara ist ein eindrucksvolles, jüngeres Beispiel.

Die Stadt Lahore, die noch heute den Eindruck einer Gartenstadt vermittelt, liegt am Ravi. An einer Biegung des Flusses in nördlicher Richtung, außerhalb der einstigen Stadtmauer, befindet sich das Jahangir-Mausoleum, in dem der Moghul-Kaiser Jahangir beigesetzt ist. In seiner klassischen Schönheit und mit seinen ausgewogenen Proportionen ist dieser große Garten eine der schönsten Moghul-Anlagen in Pakistan. Moschee, Karawanserei, Begräbnisstätten und eine großflächige Gartenanlage sind in diesem Komplex vereint. Hier wurde gebetet, Andacht gehalten, hier feierte man Feste und genoß Gartenfreuden.

Von 1622 bis 1637 wurde das Gelände zu einer Begräbnislandschaft umgestaltet. In fast allen Moghul-Gärten war die Verbindung von Begräbnisplatz und Garten das architektonische Leitmotiv. Jeder der fünf Moghul-Kaiser ist in einer eigenen Gartenanlage bestattet. Der Garten von Shahdara ist ein Beispiel für die Entwicklung der Gartenarchitektur, die weit über das 17. Jahrhundert hinausgeht.

Reisende, die aus Kashmir oder Afghanistan kamen, konnten hier, vor den Toren der Stadt, in einhundertachtzig Schlafkammern übernachten. Die Schlafplätze der Karawanserei waren in der Begrenzungsmauer untergebracht, die das Gelände umgibt. Im Unterschied zum Taj Mahal ist der Grundriß dieser Anlage ein Quadrat, das sich in vier mal vier Grünflächen aufteilt (Chahar Bagh). Das Mausoleum liegt in der Mitte der Anlage. Somit ist keine durchgehende Blickachse gegeben. Das Grabgebäude ist von acht Wasserbassins mit den verbindenden Kanälen umgeben. Acht Quellen aus der Umgebung lieferten das Wasser, das auf die Mauer des Torgebäudes hochgepumpt und über Tonrohre in die Bassins gefüllt wurde. Somit war die Bewässerung trotz des heißen und trockenen Klimas sichergestellt.

Die Schlichtheit und Klarheit des Grundrisses dieser Gartenanlage ist von streng-eleganter, überwältigender Schönheit. Die Symmetrie

Oben | **Der Pakistani Muhammad führt die Besucher täglich durch die Gärten.**
Linke Seite | **Durch das Torhaus erfolgt der Eintritt in den Chahar Bagh, den streng gegliederten Garten vor der Grabstätte. Die kugelförmig geschnittenen Eiben flankieren den Wasserkanal, der von einem großen Becken unterbrochen ist. Seitlich dazu verlaufen die breiten Gehwege.**

Folgende Doppelseite | **Vom Obergeschoß des Torhauses hat der Besucher einen weiten Blick auf die Grabstätte des Kaisers Jahangir. Diese einzigartige Gartenanlage ist eine der schönsten aus der Zeit der Moghuln. Gerade aus dieser Perspektive werden die Übereinstimmung der Linienführung und die Harmonie zwischen Architektur und Grünfläche besonders deutlich.**

erstarrt nicht in Gleichförmigkeit, die spannungsvollen Proportionen halten den Betrachter in Atem. Kleine Blumenbeete sind recht zufällig in die Rasenflächen eingestreut, aber sie sind unbedeutend. Alles beherrschend ist die Führung der Wasserkanäle, die von immergrünen Koniferen flankiert werden. Die Rasenflächen liegen im Schatten des alten Baumbestandes. Das bemerkenswerteste an diesem Garten ist die überzeugende Komposition, durch die die Gartenkünstler der Moghul-Zeit die großen Freiflächen, die Gebäude und die Vegetation miteinander in eine ausgewogene Harmonie brachten.

Während der Garten Blumenschmuck vermissen läßt, ist diese Grabstätte des Moghul-Kaisers Jahangir mit stilisierten Blumen geschmückt. Der weiße Marmorsarkophag ist voller Blumenintarsien aus farbigem Marmor. Der umlaufende Arkadengang des Mausoleums hat einen gelb gestrichenen Sockel, der mit blauen Blumen bemalt ist. Von der kostbaren Ausschmückung ist leider im Laufe der Zeit viel verlorengegangen. Aber der majestätische Zuschnitt der Anlage hat Jahrhunderte überdauert – und das wird die Menschheit auch weiter beeindrucken.

Oben | **Neben dem Sarkophag befinden sich dreißig mit Fresken geschmückte Räume in dem Mausoleum. Die oktagonalen Minarette halten den Bau optisch fest, der sich in die Gartenanlage mit ihren alten Bäumen einfügt.**

Rechte Seite | **Gegenüber dem Torhaus, an dem breiten Eingangsweg, liegt ein weiteres Grabgebäude, das im architektonischen Stil und in der Ausschmückung eine Einheit mit der gesamten Anlage bildet.**

GARTEN DER WASSERSPIELE

»Ein Garten ist das reinste menschliche Vergnügen.« So sagte der Herrscher Babur, der Begründer der Moghul-Dynastie. Damit ist auch der Shalimar-Garten – das Versailles von Pakistan – gemeint.

Heute liegt der Shalimar-Garten sieben Kilometer vom Zentrum Lahores entfernt an der Straße nach Delhi. Er ist der besterhaltene von ursprünglich drei Gärten, die zur selben Zeit entstanden; der Moghul-Garten aus Delhi ist ganz zerstört, der dritte Garten, Nishat Bagh, befindet sich in Srinagar in der Provinz Kashmir. Der sechzehn Hektar große Garten erfreut heute wie einst die Bewohner der Stadt, er dient ausschließlich dem Vergnügen, gelegentlich öffentlichen Empfängen. Ab fünf Uhr morgens lustwandeln die Pakistani und ihre Familien durch das erfrischende Grün und lassen es sich hier wohl sein.

Zwischen 1641 und 1642 wurde ein vormaliger Blumen-, Obst- und Gemüsegarten durch einen Architekten und einen Wasserkünstler in diesen heiteren Terrassengarten verwandelt. Vom Fluß Ravi wurde ein Kanal abgezweigt, um die aufwendige Wasserversorgung sicherzustellen. Shah Jahan war der Auftraggeber für diese weiträumige Terrassengestaltung, der das abfallende Gelände sehr entgegenkam und die so ganz die Ästhetik und den Geschmack der Zeit traf.

Hohe Mauern umschließen das Gartengelände und schützen es vor Straßenlärm und neugierigen Blicken. Die Eckpunkte sind durch kleine Türme (Burj) betont, die auf Sandsteinpavillons mit achteckigem Grundriß ruhen. Heute betritt man den Garten von der obersten Terrasse her durch das Aramgah und hat dann den Wasserkanal mit den vielen Fontänen in seiner ganzen Länge vor sich. Rechts und links davon liegen Rasenparterres mit weiteren Kanälen. Zahlreiche alte Mangobäume, die sich wie große Zelte ausbreiten, beschatten diese Flächen. Der Himmel spiegelt sich in den Wasserflächen, Fontänen plätschern, der Duft der Rosensträucher breitet sich aus, Nebeldunst verhüllt die Sommerpavillons, und Vögel singen. Eine verschwenderische, sinnliche Atmosphäre liegt über dieser göttlichen Schöpfung.

Die Topographie des Geländes nutzte der Architekt mit drei Terrassen vortrefflich aus. Die mittlere, die kostbar ausgestattete

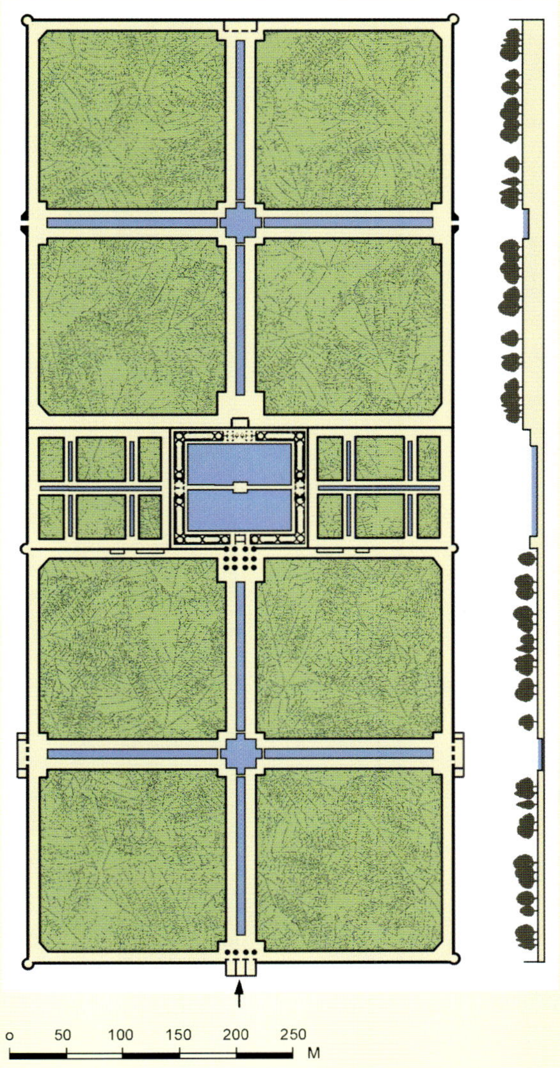

Grundriß | **Die Einteilung der Anlage in drei verschieden abgestufte Terrassen ist gut erkennbar. Der seitlich angebrachte Schnitt verdeutlicht die Lage. Die erste und die dritte Fläche sind durch die Wasserkanäle unterteilt. Die mittlere Terrasse mit dem Namen ›Spender der Fülle‹ wird weitgehend von dem großen Wasserbecken eingenommen.**

Ebene mit dem Namen ›Spender der Fülle‹, ist nach den Gesetzmäßigkeiten des Chahar Bagh angelegt. In das einem See ähnelnde Wasserbecken ist eine kleine Marmorterrasse eingelassen mit einem fein gearbeiteten Geländer aus weißem Marmor. Hier konnte der Moghul-Kaiser von allen Seiten Kühlung genießen. Wie Lotosknospen geformt sind die am inneren Beckenrand im Wasser liegenden Nischen, aus denen über hundert Fontänen Wasser sprühen und in den Chor der zahllosen Wasserspender mit einstimmen, die diesen Garten der Wasserspiele in Szene setzen.

Kleine Nischen sind auch in die Stützmauer zwischen der unteren und der mittleren Terrasse eingelassen. Früher wurden hier Blumenvasen und Porzellanflaschen mit Duftessenzen, nachts Kerzen und Windlichter aufgestellt. Zur Rechten und Linken des großen Beckens befinden sich zwei Pavillons aus rotem Sandstein. Diese Kombination von weißem Marmor und rotem Sandstein ist ein charakteristisches Zeichen der Moghul-Architektur. Die Gebäude waren einst sehr dekorativ und kostbar ausgestattet, alle Wände mit Marmor verkleidet und durch zauberhafte Intarsien mit Blumen, Vasen und Ranken belebt. Unter der Herrschaft der Sikhs verfiel dann die Pracht, Anfang des 19. Jahrhunderts wurde der alte Zustand langsam wiederhergestellt. Seit die Gärten dem Ministerium für Archäologie übergeben sind, wird die Restaurierung systematisch fortgeführt.

Oben | **Die zahlreichen Fontänen hüllen den Spaziergänger in angenehme Kühle und Frische.**
Rechte Seite | **Der Blick vom Eingangsgebäude den Wasserkanal entlang auf der obersten Terrasse.**

Vorhergehende Doppelseite | **Das Zentrum der Gartenanlage, der See auf der mittleren Terrasse mit der ›Kaiserloge‹, die von weißem Marmor eingefaßt ist.**

Folgende Doppelseite | **Die mittlere Terrasse mit dem seitlich gelegenen Pavillon aus rotem Sandstein.**

GÄRTEN IM FORT VON LAHORE

Schon seit Urzeiten gab es in Lahore – einst Hauptstadt des Landes – eine Festungsanlage. Unter dem Moghul-Kaiser Akbar wurde sie erweitert und teilweise restauriert. So in eine Form gebracht, fügten die folgenden Jahrhunderte dem Zeitgeist entsprechend Ergänzungen hinzu.

Oben | **Ein Durchblick von dem großen Garten, dem sogenannten Jahangir-Hof, in den dahinter liegenden Garten.**
Rechte Seite | **Ein Teil des Shah Jahan-Gartenhofs mit der Audienzhalle, ganz aus weißem Marmor. Davor befinden sich kugelförmig geschnittene Eiben.**

Folgende Doppelseite | **Die streng geometrisch gegliederte Jahangir-Gartenanlage vor dem Gebäude mit den ehemaligen Schlafräumen des Herrschers, in dem heute ein Museum untergebracht ist.
Ein persisches Schriftband pries die prächtige Festungsanlage treffend: »So etwas hat vorher nie bestanden und wird auch später nicht mehr unter dem Himmel zu sehen sein.«**

Die mächtige Architektur des Forts ist heute ein Beispiel für die kunstgeschichtliche Entwicklung der unterschiedlichen Stile der Moghul-Bauherren und ihrer Epochen. Kaiser Akbar (1556–1605) machte die Stadt Lahore, der man den Beinamen ›Stadt der Gärten‹ gab, zu einem prunkvollen Zentrum der Moghul-Herrschaft. Dort bildete die ›Eisenstarke Festung‹ mit ihren einundzwanzig separaten Gebäuden, den sechs kleineren und zahlreichen großflächigen Gartenanlagen einen architektonischen Höhepunkt. Zunächst war die Anlage aus rotem Sandstein erbaut, die kaiserlichen Nachfolger ergänzten sie mit weißem Marmor in erlesenster Ausführung. Kostbare Intarsienarbeiten, blumenverzierte Wandmalereien und feine marmorne Fenstervergitterungen schmücken die Gemächer.

Der Zugang erfolgt durch das dreigeschossige Alamgiri-Tor. Eine breite, flachstufige Treppe unweit der großen Badshahi-Moschee ermöglicht es, mit Elefanten in die Festung einzureiten. In einem Reisebericht von Leopold von Orlich an Alexander von Humboldt aus dem Jahr 1845 heißt es: »Nachmittags kam einer der ersten Hofbeamten uns abzuholen zum Winterpalais. Wir begaben uns in gewohnter Weise auf Elefanten dahin, ritten durch Hazuri Bagh, bogen dann links durch ein großes Doppeltor in den von der Zitadelle eingeschlossenen Hofraum über eine hohe Rampe nördlich durch ein zweites Tor in einen kleinen Vorhof und aus diesem durch ein drittes Tor in einen Gartenhof. Wir stiegen von unseren Elefanten ab, der Prinz kam uns entgegen und führte uns in eine mit Kaschmirshawls und Teppichen drapierte Halle. Hier erwartete uns der Maharaja.«

In knappen Worten ist es kaum möglich, die gesamte Festungsanlage zu beschreiben. Beginnen wir im Hof der Frauen, einem intimen Gartenhof, der mit seiner lockeren Bepflanzung an Gartenkonzepte der Engländerin Gertrude Jekyll erinnert. Im Weitergehen folgt der Gartenhof Shah Jahans. Wieder gruppieren sich um das Wasserbecken vier rechteckige Flächen, der Blick wird ganz auf die architektonisch attraktive Audienzhalle mit ihrem weit heruntergezogenen Dach gelenkt. Der nächste Garten – der Jahangir-Hof – hat nochmals ein großes Wasserbecken mit einer kleinen Blumeninsel in der Mitte. Dieser Gartenteil ist ein kleiner unterhaltsamer Park für sich, elegant und voller Lebensfreude.

Oben | **Ein Blick in den Frauengarten, den einstigen ›Lustwandelhof‹.**
Rechte Seite | **Ein Kunstwerk, ganz aus Marmor gemeißelt, ist dieses Filigranfenster. Dahinter verbirgt sich ein Blick auf die Stadt.**
Folgende Doppelseite | **Die Audienzhalle mit dem Gartenhof Shah Jahans. Die fünf gezähnten Bögen, von Säulen getragen, bilden einen anmutigen Arkadengang. Er trägt das flache Dach und faßt alles zu einem harmonischen Dreiklang zusammen. Davor ist der abgesenkte Gartenteil mit dem erhöhten Wasserbecken zu sehen.**

Links und rechte Seite | **Eingangstore in verschiedenen Bereichen der weiträumigen Gartenanlage zwischen den einzelnen Universitätsgebäuden. Sie dienen als Mittel, um die Lichtführung abwechslungsreich zu gestalten. Der rötliche Marmor ergänzt die kupferfarbenen Tore.**

Folgende Doppelseite, links | **Die symmetrische Anlage des Innenhofes entspricht den Gärten der Moghul-Zeit. Die filigrane Gestaltung der Rückwand ermöglicht ein interessantes Spiel zwischen Licht und Schatten. Stark gemaserter, rötlicher Marmor faßt die Wasserbecken ein. Als Bodendecker dient Schneeflocke *(Sutera diffusa)* aus Südafrika.**

Rechts | **Die leuchtenden gelben Blüten des Baumes *Caesalpinia mexicana*. Er wird bis zu 10 m hoch und ist mit dem Goldregen verwandt. Wie der Name erklärt, stammt er aus Mexiko.**

MODERNER GARTEN IN KARACHI

Alaat tyabji, die Aga Khan-Universität, das Hospital und die Ausbildungsstätte wurden durch die Aga Khan-Stiftung 1985 nach zehnjähriger Bauzeit fertiggestellt.

Die Architektur, die Landschafts- und Gartengestaltung dieses Gesamtwerkes setzt ein Zeichen für den Umgang mit alter Kultur in Pakistan. Es belegt das verständnisvolle Bemühen, die Moderne mit der Kunst vergangener Jahrhunderte zu verbinden. Nur wer die Zeichen und die Symbolik der Vergangenheit zu lesen versteht, wird sie an diesem großen Werk eines Architekten aus dem Iran sowie eines Architekten und eines Landschaftsarchitekten aus den USA wiederfinden.

1970 wurden die ersten Entwürfe entwickelt, für die der Aga Khan selbst die Richtlinien gab. Sein Bruder führte das Designerteam an. Es orientierte sich an den hervorragendsten Beispielen islamischer Architektur, wie der Alhambra, den Gärten von Shalimar oder dem Sultan Hassan-Mausoleum in Kairo. Lange studierte das Team die Funktion der einzelnen Gartenräume, die psychologische und therapeutische Wirkung auf den Benutzer. Flächengestaltung, Ummauerung, Außenwandgestaltung und Innenräume sollten einen Einklang bilden. Maßstab und Proportion wurden sorgfältig geplant; heute entspricht jeder Gartenhof den geforderten Bedürfnissen.

Während die umgebende Landschaft sehr natürlich belassen wurde, die Wandflächen bescheiden ausgestattet sind, wurde für die Gartenhöfe als Oasen der Entspannung eine große Vielfalt an Gestaltungselementen und Bepflanzung nach Beispielen islamischer Hofarchitektur eingesetzt. Um den einzelnen Höfen eine unterschiedliche Atmosphäre und Funktion zu geben, wurden dabei Blumenbeete (Duft), plätscherndes Wasser und Fontänen (Geräusch), reflektierendes, spiegelndes Wasser (Beruhigung), Fußbodenmuster (Abwechslung) und verschiedene Arten von Bäumen (Symbolik) als Stilmittel verwendet. Wer das religiöse Konzept versteht, der kann es besonders genießen und wird sich seiner Wirkung nicht entziehen.

Die Übergänge der einzelnen Höfe sind so angelegt, daß sie den Wandelnden auf das nächstfolgende Stimmungserlebnis vorbereiten. Die Eingänge sind besonders sorgfältig gestaltet, die Gittertore tragen kalligraphische Motive, die zum Teil in Spiegelschrift gesetzt sind. Das Baumaterial besteht aus rotem Sandstein, rötlichem Wandputz mit stark hitzeabweisender Wirkung, Marmoreinlagen und Verkleidungen.

Architekten: Payette Associates aus Boston, USA, Mozhan Khadem aus dem Iran.
Landschaftsgestaltung: Garr Campbell, USA

Rechte Seite | **In diesem intimen und ganz geschlossenen Gartenteil hilft die Auswahl der Bepflanzung, die Strenge der Architektur zu mildern. Der grazile Eukalyptusbaum läßt viel Licht durchscheinen. Das Klettergewächs, eine Scheinrebe *(Ampelopsis brevipedunculata)*, stammt aus China.**

Oben | **Der Garten dicht am Haupteingang – auch hier wiederholt sich der Rhythmus der Architektur in der Gestaltung der Gartenanlage. Die Bodenbedeckung ist durch Rotblatt *(Tradescantia zebrina)* und Schneeflocke *(Sutera diffusa)* ausgeführt.**
Linke Seite | **Die weiße Blüte des Frangipani *(Plumeria alba)*, ein mit dem Oleander verwandtes Gehölz.**

REISE-INFORMATIONEN
zu den öffentlich zugänglichen Gärten

Indien und Pakistan

Agra, Indien

Agra Fort

Seite 174

Befindet sich im Stadtzentrum, am westlichen Ufer des Yamuna-Flusses.
Geöffnet täglich von 7 bis 18 Uhr.

Taj Mahal

Seite 164

An der Straße nach Fatehabad gelegen, am südlichen Ufer des Yamuna-Flusses.
Geöffnet täglich außer Montag von 8 bis 16 Uhr,
vom 1. April bis 30. September von 7.30 bis 17 Uhr.

Deeg, Indien

›Monsoon‹ Pleasure Palaces and Gardens

Seite 180

Die Stadt Deeg befindet sich ca. 30 km nordwestlich von Agra, bei Mathura.
Die Gartenanlage liegt im Stadtzentrum, westlich des Deeg Fort.
Geöffnet täglich von 8 bis 12 Uhr und 13 bis 19 Uhr.

Lahore, Pakistan

Jahangir's Tomb — Seite 188

Der Mausoleumsgarten befindet sich in Shahdara am Ravi-Fluß, etwa 5 km nordwestlich von Lahore an der Grand Trunk Road nach Rawalpindi.
Geöffnet täglich von 8 bis 18 Uhr

Lahore Fort — Seite 202

Am nördlichen Rand der Altstadt gelegen.
Geöffnet in den Sommermonaten täglich von 7 bis 19.30 Uhr und in den Wintermonaten täglich von 8.30 bis 17.30 Uhr.

Shalimar Gardens — Seite 194

Etwa 7 km östlich von Lahore gelegen, an der Grand Trunk Road Richtung Delhi und Indische Grenze. Geöffnet in den Sommermonaten täglich von 8 bis 18 Uhr und in den Wintermonaten täglich von 8 bis 16.30 Uhr. Die Wasserspiele sind in den Sommermonaten von 10 bis 11 Uhr und 16 bis 17 Uhr zu sehen, in den Wintermonaten von 11 bis 12 Uhr und 15 bis 16 Uhr.

Marokko

Marrakech

Jardin Majorelle

Seite 130

Im neuen Teil von Marrakech gelegen, in der Ville Nouvelle, nördlich der Avenue Yacoub al Mansour.
Geöffnet in den Sommermonaten täglich von 8 bis 12 Uhr und 15 bis 19 Uhr, in den Wintermonaten täglich von 8 bis 12 Uhr und 14 bis 17 Uhr.

Palais al Badi

Seite 106

Befindet sich im Stadtzentrum, südlich des großen Platzes Jemaa al Fna.
Geöffnet täglich von 8.30 bis 12 Uhr und 14.30 bis 18 Uhr, außer an Feiertagen.

Palais de la Bahia

Seite 110

Befindet sich im Stadtzentrum, südöstlich des großen Platzes Jemaa al Fna.
Geöffnet in den Sommermonaten täglich von 8.30 bis 13 Uhr und 16 bis 19 Uhr, in den Wintermonaten täglich von 8.30 bis 11.45 Uhr und 14.30 bis 18 Uhr.

Spanien

Córdoba

Palacio del Marqués de Viana

Seite 34

Plaza de Don Gome, am nördlichen Rand der Altstadt.
Geöffnet in den Monaten Juni bis September täglich außer Mittwoch von 9 bis 14 Uhr, in den Monaten Oktober bis Mai täglich außer Mittwoch von 10 bis 13 Uhr und 16 bis 18 Uhr. Geschlossen vom 1. bis 15. Juni.

Sevilla

Casa de Pilatos

Seite 28

Plaza Pilatos, im Barrio de Santa Cruz, dem historischen jüdischen Viertel.
Die Hofgartenanlage ist täglich geöffnet von 9 bis 19 Uhr, das Museum ist täglich von 10 bis 14 Uhr und 16 bis 18 Uhr geöffnet.

Jardínes de los Reales Alcázares

Seite 22

Plaza del Triunfo, im Stadtzentrum.
Geöffnet dienstags bis samstags von 10.30 bis 17 Uhr, am Sonn- und Feiertag von 10 bis 13 Uhr.

Zaragoza

Jardínes de la Aljafería

Seite 14

Calle Los Diputados, am westlichen Rand des Stadtzentrums,
in Bahnhofsnähe.
Geöffnet vom 15. April bis 15. Oktober dienstags bis samstags
von 10 bis 14 Uhr und 16 bis 18 Uhr,
sonntags sind die Gärten nur vormittags von 10 bis 14 Uhr geöffnet.

Syrien

Aleppo

Beit Ajikbash

Seite 94

Im Jdeide-Viertel gelegen, nordwestlich der Zitadelle.
Das Folklore-Museum und der Hofgarten sind täglich außer
Dienstag geöffnet von 8 bis 14 Uhr.

Damaskus

Beit Azad al Azam

Seite 72

In der Altstadt gelegen, südlich der Omaiyaden-Moschee.
Das Kunsthandwerks- und Volkskundliche Museum und die Hofgärten
sind täglich außer Dienstag geöffnet von 8.30 bis 16 Uhr,
am Freitag von 8.30 bis 12.30 und 14.30 bis 16 Uhr.

Beit Khalid al Azam

Seite 60

Im Viertel Souk Sarouja gelegen, nördlich der Zitadelle
an der modernen Thowra-Brücke.
Das Historische Museum und der Hofgarten sind täglich außer
Freitag von 9 bis 14 Uhr geöffnet.

Dar Anbar

Seite 82

In der Altstadt gelegen, westlich der Griechisch-orthodoxen Kirche.
Die Hofgartenanlage kann täglich außer Freitag von 8 bis 14 Uhr
besichtigt werden.

Hama

Beit al Azam

Seite 90

Befindet sich in der Altstadt.
Geöffnet täglich außer Dienstag von 9 bis 18 Uhr.

LITERATUR

Indien und Pakistan

Aubert, Hans-Joachim: Nord-Indien. Richtig reisen. Köln 1998

Buschmann, Karl Heinz: Pakistan. Mai's Weltführer Nr. 25. Dreieich 1996

Dubey, Manjulika; Grewal, Bikram (Hg.): Delhi – Jaipur – Agra. Apa Guide. München 1996

Gutschow, Niels; Pieper, Jan: Indien. Von den Klöstern im Himalaya zu den Tempelstädten Südindiens. Kunst-Reiseführer. Köln 1983

Orlich, Leopold von: Reise in Ostindien in Briefen an Alexander von Humboldt und Karl Ritter. Leipzig 1845

Petruccioli, Attilio (Hg.): Gardens in the Time of the Great Muslim Empires. Leiden 1997

Rosiny, Tonny: Pakistan. Drei Hochkulturen am Indus. Kunst-Reiseführer. Köln 1988

Schimmel, Annemarie: Berge, Wüsten, Heiligtümer. Meine Reisen in Pakistan und Indien. München 1997

Wescoat, James L.; Wolschke-Bulmahn, Joachim (Hg.): Symposium Mughal Gardens. Sources, Places, Representations and Prospects, 1992. Dumbarton Oaks, Washington D.C. 1996

Marokko

Betten, Arnold: Marokko. Antike, Berbertraditionen und Islam – Geschichte, Kunst und Kultur im Maghreb. Kunst-Reiseführer. Köln 1998

Buchholz, Hartmut; Köhler, Michael: Marokko. Richtig reisen. Köln 1998

Forkl, Hermann; Kalter, Johannes; Leisten, Thomas; Pavaloi, Margareta (Hg.): Die Gärten des Islam. Katalog der Ausstellung Linden-Museum, Stuttgart 1993

Landau, Rom: Marokko. Marrakesch, Fès, Rabat. Köln 1969

Marokko. DuMont visuell-Reiseführer. Köln 1996

Menjili-De Corny, Irène: Jardin du Maroc. Paris 1991

Petruccioli, Attilio: Der islamische Garten. Architektur, Natur, Landschaft. Stuttgart 1995

Weber, Hans: Marokko. Land zwischen Meer und Wüste. Köln 1989

Spanien

Barrucand, Marianne; Bednorz, Achim: Maurische Architektur in Andalusien. Köln 1991

Bazin, Germain: DuMont's Geschichte der Gartenbaukunst. Köln 1990

Burmeister, Hans P.: Andalusien. Richtig reisen. Köln 1998

Cooper, Guy; Taylor, Gordon: Moderne Paradiese. Private Gärten unserer Zeit. Stuttgart 1997

Correcher, Consuelo M.: Spanische Gärten. Stuttgart 1997

Gothein, Marie Luise: Geschichte der Gartenkunst. 2 Bände. Jena 1926. Nachdruck der 2. Auflage 1926: Hildesheim 1988

Hobhouse, Penelope; Taylor, Patrick (Hg.): Gärten in Europa. Führer zu 727 Gärten und Parkanlagen. Stuttgart 1992

Kuhnke, Rainer W.: Die maurischen Gärten Andalusiens. München 1996

Sevilla und Andalusien. DuMont visuell-Reiseführer. Köln 1998

Sordo, Enrique: Maurisches Spanien. Frankfurt/a. M. 1964

Spanien. Bildatlas der Spanischen Kunst. Köln 1968

Syrien

Bianca, Stefano: Hofhaus und Paradiesgarten. Architektur und Lebensformen in der islamischen Welt. München 1991

Scheck, Frank R.; Odenthal, Johannes: Syrien. Hochkulturen zwischen Mittelmeer und Arabischer Wüste. Kunst-Reiseführer. Köln 1998

Stierlin, Henri: Islam. Weltarchitektur. Köln 1996

Danksagung

Die Herausgeberin dankt allen, die freundlich und hilfreich die Arbeit an diesem Buch unterstützt haben:

Meine Freunde und Kollegen Marion Kaufmann, Heiner Scharfenorth, Fridolin Wagner, Caroline Lebeau.

Dr. Jens Kröger, Museum für Islamische Kunst, Berlin, Tania Amini, Institut für Islamistik, Hamburg,

Stefan Weber, Dr. Tantaoui und Dorothea Halbuni, Damaskus, Barbara Erhardt-Zada und Diana Hokan, Aleppo,

Georg Bousquet und Lucien Viola, Marrakech, Manolo Ortiz, Madrid.

Der Fotograf dankt Thorsten Scholl und Ahmed Iguihshash.

Bild- und Quellennachweis

Sämtliche Fotografien stammen von Dieter Zoern, mit Ausnahme der folgenden:

Linden-Museum, Stuttgart, S. 7, Museum für Kunst und Gewerbe Hamburg, S. 12, Eugen Diederichs Verlag, München, S. 13,

Staatliche Museen zu Berlin – Preußischer Kulturbesitz, Museum für Islamische Kunst, S. 58, Fulvio Zanettini, S. 116/117.

Grundrisse: Nicolaus von Hantelmann

Karten: DuMont Buchverlag, Köln

Die Koranzitate wurden nach der Übersetzung aus dem Arabischen von Max Henning wiedergegeben:

Der Koran. Einleitung und Anmerkungen von Annemarie Schimmel. Stuttgart 1991.

Bibliografische Information Der Deutschen Bibliothek
Die Deutsche Bibliothek verzeichnet diese Publikation in der Deutschen Nationalbibliografie;
detaillierte bibliografische Daten sind im Internet über http://dnb.ddb.de abrufbar.

Originalausgabe

Gestaltungskonzept: Die Werbedamen, Hamburg
Repro: Typografik, Köln
Druck: Rasch, Bramsche
Buchbinderische Verarbeitung: Bramscher Buchbinder Betriebe

Printed in Germany ISBN 3-8320-8816-4